DESSERT*liebe*

DESSERT*liebe*

50 SÜSSE REZEPTE FÜR JEDE JAHRESZEIT

MELANIE ALLHOFF

EIN BUCH DER
EDITION MICHAEL FISCHER

Inhalt

Vorwort 7

FRÜHLING 9

DIY Ostergläser zum Befüllen 10

DIY Osterdekoration 13

Schokokusstörtchen mit Physalis 14

Mini-Ombré-Törtchen 17

Mango-Mousse-Törtchen 18

Zitronen-Baiser-Tartelettes 21

Puddingschnecken 22

Rhabarber-Schichtdessert 26

Schoko-Brownies im Ei 29

Mini-Vanille-Cupcakes 31

Gebackene Holunderblüten 32

Windbeutel mit
Erdbeer-Himbeer-Sahne 35

Zitronen-Mousse 36

Limonaden-Gugl 39

SOMMER 41

DIY Ananas-Flasche 43

DIY Ananas Piñata & Fruchtspieß 44

Basilikumeis mit
Balsamico-Erdbeeren 47

Erdnuss-Karamell-Torte 48

Kokoskugeln 51

Himbeercreme mit Marmor-Baiser 52

Mini-Pavlovas 55

Schoko-Crêpes mit Erdbeeren 58

Himbeer-Tiramisu 61

Beeren-Mascarpone-Creme
in Schokoladenschalen 62

Bienenstich im Glas 65

Crème brulée 66

Kokos-Ananas-Eis 69

Pfannkuchen mit Kirschkompott 70

Johannisbeer-Parfait mit Baiser 73

Mangopralinen 74

HERBST 77

DIY Halloween Sweet Table 79

DIY Bäumchenserviette falten 80

Schokoladenpudding
mit Schokobrezeln 83

Veganer Schokokuchen
mit Vanilleeis 84

Mousse au Chocolat 87

Blaubeer-Brownie im Glas 88

Erdnuss-Karamell-Schoko-Schnitten 91

Bananen-Frischkäse-
Creme mit Karamellsauce 92

Schokoladen-Oreo-Törtchen 97

Erdnuss-Karamell-Eis 98

Apfel-Birnen-Tartelettes 101

Orangensalat mit
Granatapfelkernen 102

Birne Helene mit Vanilleeis 105

Pfirsich-Cantuccini-Trifle 106

WINTER 109

DIY Serviettenring mit
bedruckter Serviette 110

DIY Jahreszahl zu Silvester 113

Spekulatiustörtchen 114

Churros mit Schokoladensauce 117

Apfel-Tiramisu 118

Quarkbällchen 121

Grießpudding mit Gewürzkirschen 122

Apple Crumble im Apfel 125

Apple Pie Pops 126

Spekulatiuseis 131

Butterkeks-Hexenhäuschen 132

Shortbread-Rentiere 135

Orangen-Tarte 136

Schokoladen-Marzipan-
Plätzchen am Stiel 139

Register 140

Über die Autorin 142

Danke 143

Schon als Kind ...

habe ich es geliebt, wenn es nach dem Essen einen Nachtisch gab. Diesen bekamen wir nur ab und zu, umso besser hat er uns jedes Mal geschmeckt. Ob Pudding, Eis, Schokolade, Kekse oder Kuchen – ein leckeres Dessert rutscht immer.

Vor fast vier Jahren habe ich meinen Blog Detailliebe gestartet, um als Bloggerin meine Leidenschaft für etwas Süßes mit anderen Menschen zu teilen. Denn sich gemeinsam über leckere Rezepte auszutauschen bereitet mir immer wieder sehr viel Freude.

Neben meinem Beruf als Osteopathin wurde mit den Jahren auch meine zweite Leidenschaft, die Fotografie, immer größer. Dies lässt sich zum Glück gut mit dem Kreieren von Rezepten verbinden. Denn süße Naschereien wollen natürlich auch entsprechend in Szene gesetzt werden – das Auge isst ja schließlich mit.

Vor einem halben Jahr ist mein allererstes Buch, »Backliebe – 50 süße Rezepte für jede Jahreszeit« erschienen. Es war mein großer Traum, einmal mein eigenes Buch im Regal stehen zu sehen. Ich bin wirklich glücklich darüber, neben meiner Liebe zum Backen nun noch ein zweites Buch mit meinen Lieblingsdesserts veröffentlichen zu dürfen.

In meinem Dessertbuch findet ihr beliebte Klassiker und neue Kreationen. Die Klassiker wurden mit viel Liebe zum Detail ideenreich verändert und neu gestaltet. Da mir regionale und saisonale Zutaten sehr am Herzen liegen, habe ich dieses Buch in die vier Jahreszeiten gegliedert. So findet ihr zu jedem Anlass und jeder Jahreszeit ein passendes Rezept.

Ich nehme euch mit auf eine kleine Dessertreise durch das ganze Jahr. Von fruchtigen Desserts über schokoladig-süße Herbstrezepte bis hin zu würzigen Weihnachtsklassikern ist sicher für jeden von euch etwas dabei.

Ich wünsche euch viel Spaß beim Ausprobieren meiner Rezepte und natürlich auch beim Kreieren eurer eigenen Desserts.

Eure Melanie Allhoff

Frühling

DIY OSTERGLÄSER
ZUM BEFÜLLEN

Für 2 Schraubgläser

MATERIAL	ANLEITUNG
Papier	Auf das Papier ein Wunschmotiv, z.B. einen Hasen oder eine Möhre, zeichnen. Alternativ kann auch eine passende Vorlage aus dem Internet ausgedruckt werden.
Stift	
Schere	
Klebefolie (z.B. Bucheinband-folie oder Tafelfolie)	Das Motiv ausschneiden und auf die Klebefolie legen, nachzeichnen und erneut ausschneiden. Die Folie mit dem Motiv mittig auf die Schraubgläser kleben.
2 Schraubgläser	
Sprühlack (in Peach und Mint)	Die Gläser im Freien auf eine Zeitungsunterlage stellen und mit dem Sprühlack in der Wunschfarbe besprühen und vollständig trocknen lassen.
Süßigkeiten zum Befüllen	
2 Servietten	
Kordel (wahlweise Band)	Anschließend die Klebefolie von den Gläsern abziehen. Beide Schraubgläser mit Süßigkeiten nach Wahl, z.B. Bonbons, Schokolinsen oder Weingummi, füllen.
Hasenfigur als Dekoration	
Kleber	
	Jeweils eine Serviette auf den Deckel legen und mit einer Kordel festbinden. Die Hasenfigur als Dekoration auf die Serviette kleben.

Zum Osterfest überreichen wir Familie und Freunden gern ein kleines Mitbringsel.

Und wer freut sich

nicht über kleine, selbst ge-machte Geschenke mit etwas Süßem zum Naschen?

DIY OSTERDEKORATION

Für 1 Eierschalendekoration

MATERIAL

1 Eierschale

rote Eierfarbe (wahlweise Ö-Colori-Färbetuch von Heitmann)

Sprühkleber

goldenes Glitzerkonfetti

Blumenerde

Kressesamen (wahlweise Rasen)

langer Holzspieß

Dymo-Gerät mit schwarzem Schriftband

Spitzenschleifenband

Wachteleier und Federn zur Dekoration

ANLEITUNG

Die Eierschale (am besten im Voraus so viele Eierschalen sammeln, wie benötigt werden) abwaschen und vorsichtig abtrocknen. Die Eierschale mit dem Färbetuch oder der Eierfarbe rot einfärben und trocknen lassen.

Die Eierschale kopfüber auf Zeitungspapier stellen und mit dem Sprühkleber besprühen. Mit goldenem Glitzerkonfetti bestreuen und erneut trocknen lassen.

Die Eierschale mit Blumenerde und Kressesamen oder einem Stück abgestochenem Rasen füllen.

An den Holzspieß mithilfe des Dymo-Geräts einen Schriftzug kleben, z.B. Frohe Ostern. 1 Stück Spitzenschleifenband an den Spieß knoten und den Holzspieß in die Erde stecken.

Nach Belieben den Tisch oder den jeweiligen Platz mit Wachteleiern und Federn dekorieren.

TIPP

Als Alternative zum Frohe-Ostern-Schriftzug könnt ihr auch Namensschriftzüge als Sitzplatzbeschriftung ausdrucken. Und wer kein Dymo-Gerät hat, schreibt den Namen auf Papier, schneidet ihn aus und klebt ihn mit einem Klebestift am Holzspieß fest.

Zu Ostern sitzen wir immer gemeinsam an einer schön gedeckten Tafel, essen Struwen, ein westfälisches Karfreitagsgebäck, und *genießen die freien Osterfeiertage.*

SCHOKOKUSSTÖRTCHEN MIT PHYSALIS

Für 6 Stück

ZUTATEN

Für den Teig

75 g Butter

75 g Zucker

1 Ei (M)

1 TL Vanillezucker

75 g Weizenmehl (Type 405)

1 TL Backpulver

Für die Creme

3 Schokoküsse

100 g Sahne

1 TL Puderzucker

100 g Speisequark (20 % Fett)

1 EL Zitronensaft

Außerdem

6 Tarteletteförmchen mit 10 cm Ø

Margarine und Mehl für die Form

6 Physalis

ZUBEREITUNG

Den Backofen auf 175 °C vorheizen. Die Tarteletteförmchen einfetten und mit Mehl ausstäuben.

Für den Teig die Butter mit Zucker, Ei und Vanillezucker schaumig rühren. Das Mehl und das Backpulver mischen. Die Mehlmischung nach und nach dazugeben und alles zu einem cremigen Teig verrühren.

Den Teig gleichmäßig auf die Förmchen verteilen und im Backofen (mittlere Schiene) 20 Minuten backen. Anschließend die Förmchen herausnehmen, die Böden vollständig auskühlen lassen und vorsichtig aus den Förmchen lösen.

Für die Creme die Böden von den Schokoküssen abnehmen und beiseitelegen. Die Sahne mit dem Puderzucker steif schlagen und mit der Schaummasse der Schokoküsse, Quark und Zitronensaft zu einer cremigen Masse verrühren.

Die Creme auf den Teigböden verteilen. Die Hülle der Physalis öffnen. Die Schokokussböden und je 1 Physalis daraufsetzen und die Törtchen anrichten.

Als Kind gab es

zu den Geburtstagen

von meiner Schwester und mir immer eine Schokokusstorte. Wir haben den süßen Geschmack in Kombination mit Zitronenaroma geliebt und tun es bis heute noch.

Törtchen im Ombré-Look sind

ein echter Hingucker.

Für diese habe ich eine kleine Schwäche entwickelt. Mit bunter Lebensmittelpaste lassen sich ganz wunderbare Farbverläufe kreieren.

MINI-OMBRÉ-TÖRTCHEN

Für 6 Stück

ZUTATEN

Für die Böden
200 g Butterkekse
100 g Butter
3 EL brauner Zucker
1 EL Honig

Für die Creme
100 g Sahne
2 TL Puderzucker
100 g Frischkäse
250 g Speisequark (20 % Fett)
2 EL Vanillezucker
1 Beutel pflanzliches
Geliermittel (z. B. Agartine)
lila Lebensmittelpaste

Für das Topping
100 g Sahne
2 TL Puderzucker
100 g Speisequark (20 % Fett)
lila Lebensmittelpaste
12 Blaubeeren
6 Schokokeksstäbchen

Außerdem
Gefrierbeutel
Nudelholz
6 Dessertringe
mit je 8 cm Ø
Spritzbeutel mit Sterntülle

ZUBEREITUNG

Für die Böden die Butterkekse in einen Gefrierbeutel geben und mit dem Nudelholz in kleine Stücke zerbröseln. Ein Backblech mit Backpapier auslegen und die Dessertringe mit etwas Abstand daraufsetzen.

Die Butter mit dem braunen Zucker und Honig in einem Topf unter Rühren schmelzen lassen. Die Buttermischung mit den Keksbröseln vermengen und die Dessertringe damit füllen, die Masse dabei fest andrücken. Die Böden bis zur weiteren Verwendung in den Kühlschrank stellen.

Inzwischen für die Creme die Sahne mit dem Puderzucker steif schlagen. Den Frischkäse mit Quark und Vanillezucker verrühren. Die Sahne unterheben.

Das Geliermittel mit 200 ml Wasser aufkochen und etwa 2 Minuten kochen lassen, anschließend etwas abkühlen lassen, sonst gerinnt die Sahne beim Unterrühren. Danach das Geliermittel unter die Sahnemischung rühren und die Creme auf drei Schüsseln verteilen.

In eine Schüssel 1 kleine Messerspitze lila Lebensmittelpaste unterrühren, in die zweite Schüssel 1 große Messerspitze lila Lebensmittelpaste rühren. Die Creme in der dritten Schüssel bleibt ungefärbt. Die Creme schichtweise in die Dessertringe füllen und für mindestens 3–4 Stunden in den Kühlschrank stellen.

Vor dem Servieren für das Topping die Sahne mit Puderzucker steif schlagen und mit dem Quark verrühren. Das Topping auf zwei Schüsseln verteilen. In eine Schüssel 1 Messerspitze lila Lebensmittelpaste rühren. Das Topping abwechselnd in einen Spritzbeutel mit Sterntülle füllen und in kleinen Tupfen auf den Desserts verteilen. Die kleinen Törtchen mit Blaubeeren und Schokokeksstäbchen verzieren und servieren.

MANGO-MOUSSE-TÖRTCHEN

Für 6 Stück

ZUTATEN

Für die Böden

150 g Butterkekse

60 g Butter

3 EL brauner Zucker

Für die Mango-Mousse

150 g Mangofruchtfleisch
(frisch oder aus der Dose)

100 ml Mangosaft

Saft von ½ Zitrone

1 Beutel pflanzliches
Geliermittel (z. B. Agartine)

2 Eiweiß

35 g Zucker

75 g Sahne

1 TL Puderzucker

Für die Pfirsichschicht

150 ml Pfirsichsaft

3 EL Zucker

½ Beutel pflanzliches
Geliermittel (z. B. Agartine)

Außerdem

1 Gefrierbeutel

Nudelholz

6 Dessertringe
mit je 8 cm Ø

6 EL Kokosraspel

18 Zebra-Schokoröllchen

ZUBEREITUNG

Für die Törtchenböden die Butterkekse in einen Gefrier-beutel geben und mit einem Nudelholz in kleine Stücke zerbröseln. Ein Backblech mit Backpapier auslegen und die Dessertringe mit etwas Abstand daraufsetzen.

Die Butter zerlassen und mit dem braunen Zucker unter die Kekskrümel rühren. Die Keksmasse auf die Dessert-ringe verteilen, fest andrücken und bis zur weiteren Ver-wendung in den Kühlschrank stellen.

Inzwischen die Mango in kleine Stücke schneiden und mit Mangosaft, Zitronensaft und dem pflanzlichen Geliermittel in einem Topf aufkochen und 1–3 Minuten kochen lassen. Die Masse pürieren, in eine Rührschüs-sel füllen und etwa 10 Minuten abkühlen lassen.

Die Eiweiße steif schlagen, dabei nach und nach den Zucker einrieseln lassen. Den Eischnee langsam unter die Mangomasse heben. Die Sahne mit dem Puderzu-cker steif schlagen und unterheben. Die Mousse gleich-mäßig auf die Dessertringe verteilen und in den Kühl-schrank stellen.

Für die Pfirsichschicht den Pfirsichsaft mit Zucker und Geliermittel in einem Topf aufkochen und 1–3 Minuten kochen lassen. Anschließend die Masse ebenfalls gleichmäßig auf die Dessertringe verteilen. Die Tört-chen für mindestens 3 Stunden in den Kühlschrank stellen und die Schichten fest werden lassen.

Die Mango-Mousse-Törtchen mit Kokosraspeln und Zebra-Schokoröllchen verzieren und servieren.

TIPP

Um die Törtchen gut aus der Form lösen zu können, ist Tortenrandfolie zum Auskleiden der Dessertringe ideal.

Diese kleinen **Törtchen** machen
nicht nur optisch etwas her,
sie schmecken auch

wunderbar fruchtig

und bringen exotisches Flair
auf den Kuchenteller.

Knuspriger Mürbeteig mit einer Füllung aus

fruchtiger Creme

und Baiserhaube verleihen diesen Tartelettes einen besonderen Geschmack mit sehr großem Suchtpotenzial.

ZITRONEN-BAISER-TARTELETTES

Für 6 Stück

ZUTATEN

Für den Teig

1 Eigelb (M)
1 EL Puderzucker
100 g Margarine
175 g Weizenmehl (Type 405)

Für die Zitronencreme

60 g Zucker
1 EL Speisestärke
1 Zitrone
1 Orange
40 g Butter
1 Eigelb (M)
1 Ei (M)

Für die Baiserhaube

3 Eiweiß (M)
60 g Zucker

Außerdem

6 Tartelettefömchen
mit 10 cm Ø
Margarine und Mehl
für die Förmchen
Mehl für die Arbeitsplatte
Spritzbeutel mit Sterntülle

ZUBEREITUNG

2 Esslöffel Wasser mit Eigelb und Puderzucker in einer Rührschüssel verrühren. Zuerst die Margarine dazugeben und unterkneten, dann nach und nach das Mehl unterkneten, bis ein krümeliger Teig entsteht. Den Teig zu einer Kugel formen, in Frischhaltefolie wickeln und für 30 Minuten in den Kühlschrank legen.

Für die Zitronencreme Zucker und Speisestärke in einem Topf mischen. Den Saft der Zitrone und Orange auspressen, durch ein Sieb in eine Schüssel gießen und mit 30 ml Wasser verrühren. Die Saftmischung unter Rühren in den Topf zur Zucker-Stärke-Mischung geben und kurz aufkochen. Die Butter dazugeben und alles auf niedriger Stufe erhitzen, bis die Butter geschmolzen ist.

Das Eigelb mit dem Ei verquirlen, in den Topf geben und alles unter Rühren etwa 5 Minuten köcheln lassen, bis die Masse etwas eindickt.

Den Backofen auf 200 °C Ober-/Unterhitze vorheizen. Die Förmchen einfetten und mit Mehl ausstäuben. Für die Baiserhaube die Eiweiße steif schlagen, dabei den Zucker nach und nach einrieseln lassen.

Den Teig auf einer bemehlten Arbeitsplatte ausrollen. Aus dem Teig sechs Kreise mit je 11 cm Durchmesser ausstechen und die Förmchen damit auslegen. Den Teig mit einer Gabel einige Male einstechen und im Backofen (mittlere Schiene) etwa 15 Minuten backen.

Anschließend die Tartelettes aus dem Ofen nehmen und mit der Creme bedecken. Den Eischnee in einen Spritzbeutel mit Sterntülle füllen und auf die Tartelettes spritzen. Die Tartelettes bei 180 °C etwa 10 Minuten backen, bis die Baiserhaube leicht braun wird.

PUDDINGSCHNECKEN

Für 20 Stück

ZUTATEN

Für den Hefeteig

500 g Weizenmehl (Type 405)

200 ml Milch

1 Würfel Hefe (42 g)

80 g Butter

1 Ei (M)

Salz

Für die Füllung

300 ml Milch

1 Päckchen Vanille-
puddingpulver

20 g Zucker

100 g Crème fraîche

Für den Zuckerguss

120 g Puderzucker

1 TL Vanillezucker

Außerdem

Mehl für die Arbeitsplatte

Esskonfetti zum Bestreuen

ZUBEREITUNG

Das Mehl in eine Schüssel geben. Die Milch erwärmen, bis sie lauwarm ist. Die Hefe dazubröckeln und unter Rühren darin auflösen. Die Hefemilch mit dem Mehl verrühren. Butter, Ei und 1 Prise Salz hinzufügen und alles zu einem glatten Teig verkneten. Den Teig abgedeckt an einem warmen Ort 30 Minuten gehen lassen.

Inzwischen für die Füllung die Milch in einem Topf aufkochen. Den Topf vom Herd nehmen und das Vanillepuddingpulver zügig unterrühren, damit es nicht klumpt. Den Zucker dazugeben und unter den Pudding rühren. Den Pudding beiseitestellen und abkühlen lassen. Dann die Crème fraîche unterheben.

Für den Guss den Puderzucker mit Vanillezucker und 4 Esslöffel Wasser zu einem zähen Guss anrühren.

Ein Backblech mit Backpapier auslegen. Den Hefeteig auf einer bemehlten Arbeitsplatte zu einem großen, etwa ½ cm dicken Rechteck ausrollen und mit der Puddingmasse bestreichen. Den Teig von der langen Seite her aufrollen und die Teigrolle mit einem scharfen Messer in 20 etwa 1–1,5 cm dicke Scheiben schneiden. Die Schnecken auf das Blech legen, abdecken und an einem warmen Ort 10 Minuten gehen lassen.

Den Backofen auf 180 °C Ober-/Unterhitze vorheizen und die Schnecken 15–20 Minuten backen. Die Schnecken herausnehmen, kurz abkühlen lassen, mit Guss bestreichen und mit Esskonfetti bestreuen.

TIPP

Hefeteig mag es beim Aufgehen warm, aber nicht zu warm. Bei mir klappt das im Winter gut mit ein paar untergelegten Handtüchern auf der Heizung. In der warmen Jahreszeit den Hefeteig mit einem feuchten Tuch abdecken und an einem warmen Ort gehen lassen.

Puddingschnecken

sind ein Klassiker aus meiner Kindheit. Bei uns gab es oft mit einem leckeren süß-klebrigen Zuckerguss zum Sonntagskaffee.

RHABARBER-SCHICHTDESSERT

Für 6 Gläser mit je 250 ml Inhalt

ZUTATEN

300 g Rhabarber
180 g Zucker
500 g Mascarpone
1 EL Vanillezucker
500 g Speisequark (20 % Fett)
12 Löffelbiskuits
110 ml Orangensaft

Für die Dekoration

15 g Pistazienkerne
6 frische Minzeblätter
12 Zebra-Schokoröllchen

ZUBEREITUNG

Den Rhabarber waschen, putzen, schälen und in kleine Stücke schneiden. 60 g Zucker in einem Topf erhitzen und karamellisieren. Die Hälfte von dem Rhabarber dazugeben und bei mittlerer Hitze etwa 4 Minuten einkochen. Den restlichen Rhabarber hinzufügen und weitere 3 Minuten einkochen. Das Kompott in eine Schüssel geben und in den Kühlschrank stellen.

Den Mascarpone mit Vanillezucker, restlichem Zucker und Quark verrühren. 2 Löffelbiskuits in jedes Glas legen und mit dem Orangensaft beträufeln. Die Mascarponecreme und das Kompott schichtweise in die Gläser füllen. Die Desserts mindestens 2-3 Stunden in den Kühlschrank stellen und durchziehen lassen.

Vor dem Servieren die Pistazienkerne grob hacken und die Desserts damit bestreuen. Mit je 1 Minzeblatt und 2 Zebra-Schokoröllchen verzieren und servieren.

TIPP

Rhabarber kann man auch einfrieren. Dafür die Stangen waschen, putzen, schälen und in Stücke schneiden. Die Rhabarberstücke portionsweise in Gefrierbeutel geben und in den Gefrierschrank legen. Bei Bedarf einfach auftauen und je nach Rezept zubereiten.

Im April beginnt

die *Rhabarbersaison*

und bei uns die Zeit, daraus
leckere Kuchen, Desserts und
Kompott mit fruchtig-saurer
Note herzustellen.

Diese gebackenen Eier sorgen
für Aufmerksamkeit auf dem

Büfett zum Osterbrunch

und für eine ganz besondere
süße Überraschung.

SCHOKO-BROWNIES IM EI

Für 7 Stück

ZUTATEN

7 Eier(-schalen)

7 TL Öl

Für den Teig

100 g Zartbitterkuvertüre

65 g Butter

1 Ei (M)

2 EL Vanillezucker

100 g Zucker

60 g Weizenmehl (Type 405)

1 TL Backpulver

Salz

Außerdem

Metallspieß

Alufolie

7 Muffin-Förmchen

ZUBEREITUNG

7 Eier an der Spitze mit einem Metallspieß aufpieksen und ein 1,5–2 cm großes Loch in die Schale bohren, sodass das Innere des Eis komplett herausfließen kann. Die Schalen gut mit Wasser ausspülen und kopfüber in einen sauberen Eierkarton stellen und etwa 30 Minuten trocknen lassen. Anschließend in jede Eierschale 1 Teelöffel Öl geben, die Schale kurz schwenken und das überschüssige Öl auslaufen lassen.

Für den Teig die Zartbitterkuvertüre in eine kleine Schüssel bröckeln und die Butter in Stückchen dazugeben. Beides über dem heißen Wasserbad schmelzen, dann kurz abkühlen lassen.

Inzwischen das Ei mit Vanillezucker und Zucker schaumig schlagen. Die Kuvertüre-Butter-Mischung unter die Ei-Zucker-Mischung rühren. Das Mehl mit Backpulver und 1 Prise Salz mischen, die Mischung dazugeben und alles zu einem glatten Teig verrühren.

Alufolie in sieben Streifen schneiden, die Streifen zu kleinen Würsten aufrollen und in der Größe der Muffin-Förmchen zu Kränzen zusammenlegen. Die Folienkränze so in die Vertiefungen der Form legen, dass die Eier nicht umkippen können. Den Backofen auf 180 °C Ober-/Unterhitze vorheizen.

Die Eierschalen jeweils zu zwei Dritteln mit dem Teig füllen. Die Brownie-Eier in die Förmchen setzen und im Backofen (mittlere Schiene) 25–30 Minuten backen. Die Stäbchenprobe machen (siehe Tipp S. 39). Die Eier herausnehmen und vollständig auskühlen lassen.

Diese kleinen

Kuchen mit Cremehaube

sehen hübsch aus und schmecken einfach himmlisch süß.
Sie eignen sich super für
Partys oder Geburtstagsfeste
und können in den unter-
schiedlichsten Varianten
verziert werden.

MINI-VANILLE-CUPCAKES

Für 35 Stück

ZUTATEN

Für den Teig

110 g Margarine

110 g Zucker

1 EL Vanillezucker

2 Eier (M)

110 g Weizenmehl (Type 405)

½ Päckchen Backpulver

Für das Topping

200 g weiße Kuvertüre

270 g Frischkäse

70 g weiche Butter

35 kurze Zebra-Schokoröllchen

Außerdem

1 Mini-Cupcakeform

Spritzbeutel mit Sterntülle

ZUBEREITUNG

Den Backofen auf 160 °C Ober-/Unterhitze vorheizen. Für den Teig Margarine, Zucker, Vanillezucker und Eier in eine Rührschüssel geben und verrühren. Dann das Mehl mit dem Backpulver mischen. Die Mehlmischung nach und nach dazugeben und alles zu einem zähflüssigen Teig verrühren.

Die Vertiefungen der Mini-Cupcake-Form zu zwei Dritteln mit dem Teig füllen. Den Teig im Backofen (mittlere Schiene) 10–15 Minuten backen. Anschließend aus dem Ofen nehmen und die Cupcakes auf einem Kuchengitter abkühlen lassen.

Inzwischen für das Topping die Kuvertüre in einer Schüssel über dem heißen Wasserbad schmelzen, dann etwas abkühlen lassen. Den Frischkäse und die weiche Butter dazugeben und mit den Quirlen des Handrührgeräts gut unterrühren.

Die Masse für das Topping in einen Spritzbeutel mit Sterntülle füllen, auf die ausgekühlten Cupcakes spritzen und mit Zebra-Schokoröllchen belegen.

TIPP

Das Topping eventuell vor dem Verzieren für kurze Zeit in den Kühlschrank stellen, dann wird es etwas fester und behält besser seine Form.

GEBACKENE HOLUNDER-BLÜTEN

Für 8 Stück

ZUTATEN

125 g Weizenmehl (Type 405)

1 TL Backpulver

1 Ei (M)

Salz

250 ml Milch

8 frische weiße Holunderdolden

500 g Pflanzenfett zum Ausbacken

Puderzucker zum Bestreuen

ZUBEREITUNG

Für den Ausbackteig das Mehl mit Backpulver, Ei und 1 Prise Salz in einer Rührschüssel verrühren. Nach und nach die Milch dazugießen und mit dem Schneebesen zu einem glatten Teig verrühren. Den Teig mit einem Tuch abdecken und etwa 30 Minuten quellen lassen.

Die Holunderdolden zuerst mit der Hand säubern. Danach kaltes Wasser in eine saubere große Schüssel laufen lassen, die Dolden darin kurz eintauchen und abwaschen. Anschließend die Dolden auf Küchenpapier oder ein Küchentuch legen und kurz abtropfen lassen.

Das Pflanzenfett in einen großen Topf geben und auf etwa 160 °C erhitzen (siehe Tipp).

Zum Ausbacken die Dolden nach und nach kurz in den Teig tauchen, etwas abtropfen lassen und langsam in das Fett legen. Die Holunderdolden in etwa 3 Minuten goldbraun backen, anschließend auf Küchenpapier legen und entfetten. Die Holunderblüten mit Puderzucker bestreuen und noch warm servieren.

TIPP

Zum Erhitzen des Pflanzenfetts könnt ihr ein Topfthermometer benutzen oder auch den Stiel eines Holzkochlöffels. Sobald das Fett heiß genug ist, steigen an dem Stiel kleine Bläschen auf.

Holunderblüten

können nur für kurze Zeit geerntet werden, umso besser schmecken die gebackenen Blüten, die es nur einmal im Jahr zu essen gibt und daher etwas ganz Besonderes sind.

Ich liebe Windbeutel

zum Nachmittagskaffee. Am liebsten ganz klassisch mit Sahne und frischen Beeren gefüllt. So bleiben sie bei uns nicht lange auf dem Kuchenteller liegen.

WINDBEUTEL MIT ERDBEER-HIMBEER-SAHNE

Für 10 Stück

ZUTATEN

Für den Brandteig

125 ml Milch

Salz

100 g Butter

200 g Weizenmehl (Type 405)

4 Eier (M)

Für die Füllung

300 g Sahne

2 EL Vanillezucker

2 TL Puderzucker

10 frische Erdbeeren

20 frische Himbeeren

Außerdem

Spritzbeutel mit Sterntülle

Puderzucker zum Bestäuben

ZUBEREITUNG

Für den Teig die Milch, 125 ml kaltes Wasser, 1 Prise Salz und Butter in einen Topf geben und unter Rühren aufkochen. Das Mehl auf einmal hinzufügen und den Teig so lange rühren, bis sich der Teig als Kloß vom Topfboden löst und sich ein heller Belag auf dem Boden bildet.

Den Kloß in eine Schüssel geben und 1 Ei mit einem Holzlöffel unterrühren. Den Teig etwa 5 Minuten stehen lassen. Anschließend nach und nach die restlichen Eier unterrühren, bis ein klebriger Teig entsteht. Den Teig weitere 5 Minuten ruhen lassen.

Inzwischen den Backofen auf 200 °C Ober-/Unterhitze vorheizen. Ein Blech mit Backpapier auslegen. Den Teig in einen Spritzbeutel mit Sterntülle füllen und 10 Windbeutel auf das Backblech spritzen. Auf den Backofenboden eine feuerfeste Schüssel mit Wasser stellen und die Windbeutel im Backofen (mittlere Schiene) in 25 Minuten goldbraun backen. Die Windbeutel herausnehmen und abkühlen lassen.

Für die Füllung die Sahne mit Vanillezucker und Puderzucker steif schlagen. Erdbeeren und Himbeeren waschen und trocken tupfen. Die Erdbeeren putzen und vierteln. Erd- und Himbeeren unter die Sahne heben.

Die Windbeutel waagerecht aufschneiden. Die unteren Teile mit Erdbeer-Himbeer-Sahne füllen. Die oberen Teile auflegen und mit Puderzucker bestäuben.

TIPP

Jeder Backofen ist anders. Sollten die Windbeutel oben zu schnell braun werden, deckt sie einfach nach etwa 20 Minuten mit Alufolie ab – am besten mit der matten Seite nach oben.

ZITRONEN-MOUSSE

Für 6 Gläser mit je 200 ml Inhalt

ZUTATEN

Für die Böden

100 g Butterkekse
40 g Butter
1 EL Honig

Für die Mousse

4 Eiweiß (M)
4 Eigelb (M)
100 g Zucker
2 Zitronen
200 g Sahne
2 TL Puderzucker
1 Beutel pflanzliches
Geliermittel (z. B. Agartine)

Für das Topping

350 g Zucker
1 Bio-Zitrone
frische Minzeblätter

Außerdem

1 Gefrierbeutel
Nudelholz

ZUBEREITUNG

Für die Böden die Butterkekse in einen Gefrierbeutel geben und mit einem Nudelholz in kleine Stücke zerbröseln. Butter und Honig in einen Topf geben und schmelzen, die Kekskrümel unterrühren. Die Keksmasse gleichmäßig in die Gläser füllen.

Für die Mousse die Eiweiße steif schlagen und den Eischnee im Kühlschrank kalt stellen. Die Eigelbe mit dem Zucker schaumig schlagen, bis eine hellgelbe Masse entsteht. Den Saft der Zitronen auspressen und unter die Eigelbmasse rühren.

Die Sahne mit dem Puderzucker steif schlagen. Zuerst den Eischnee unter die Eigelb-Zucker-Masse, dann die Sahne vorsichtig unter die Masse heben.

Das Geliermittel mit 200 ml kaltem Wasser in einem Topf aufkochen und 1–2 Minuten kochen lassen. Danach leicht abkühlen lassen, sonst gerinnt die Sahne.

Das Geliermittel unter die Mousse rühren. Die Mousse in die Gläser füllen und für mindestens 3-4 Stunden in den Kühlschrank stellen.

Für das Topping 180 ml Wasser mit dem Zucker in einem Topf aufkochen. Die Zitrone heiß waschen, abtrocknen und in 6 Scheiben schneiden, die Scheiben halbieren. Die Zitronenscheiben in das Zuckerwasser geben und bei niedriger Hitze 20-30 Minuten köcheln lassen. Herausnehmen, auf Backpapier abtropfen und aushärten lassen.

Die Mousse mit den kandierten Zitronen und der Minze verzieren und servieren.

Sauer macht nicht nur lustig,
sondern auch süchtig – zu-
mindest wenn es um diese

superleckere Mousse

geht. Sie schmeckt schön
zitronig, ist luftig und locker.

Diese zuckersüßen Minis sind
ein weiterer

Kuchenklassiker

aus meiner Kindheit. Schön
klebrig und mit kunterbunten
Streuseln verziert – genauso
müssen sie sein.

LIMONADEN-GUGL

Für 18 Stück

ZUTATEN

Für den Teig

270 ml Orangenlimonade
270 ml neutrales Pflanzenöl
540 g Zucker
4 Eier (M)
640 g Weizenmehl (Type 405)
1 Päckchen Backpulver

Für den Zuckerguss

½ Zitrone
200 g Puderzucker

Außerdem

6er-Mini-Gugelhupfform
mit je 8 cm Ø
Margarine und Mehl
für die Form
bunte Streusel zum Bestreuen

ZUBEREITUNG

Den Backofen auf 180 °C Ober-/Unterhitze vorheizen. Die Vertiefungen der Gugelhupfform einfetten und mit Mehl ausstäuben.

Inzwischen für den Teig die Limonade mit dem Öl in einer Rührschüssel mischen. Nach und nach den Zucker einrieseln lassen und alles mit einem Schneebesen gut verrühren. Die Eier nach und nach einzeln unterrühren. Das Mehl mit dem Backpulver mischen und hinzufügen. Alles zu einem zähflüssigen Teig verrühren.

Die Vertiefungen zu zwei Dritteln mit dem Teig füllen. Den Teig im Backofen (mittlere Schiene) 15–20 Minuten backen. Die Stäbchenprobe machen (siehe Tipp). Die Mini-Gugl herausnehmen und auf einem Kuchengitter vollständig abkühlen lassen.

Für den Zuckerguss den Saft der halben Zitrone auspressen. Den Zitronensaft mit 4 Esslöffel kaltem Wasser und Puderzucker zu einer zähen, klebrigen Masse verrühren. Die Mini-Gugl damit bestreichen und mit bunten Streuseln bestreuen.

TIPP

Für die Stäbchenprobe mit einem Holzspießchen in die Mitte der Kuchen stechen. Kleben beim Herausziehen Teigreste daran, die Kuchen noch ein paar Minuten backen. Bleibt nichts daran hängen, sind sie fertig.

Sommer

DIY ANANAS-FLASCHE

Für 1 Dekoration

MATERIAL

1 Bogen gelbes Seidenpapier
(ca. 50 x 70 cm)

Schere

48 Schokoladenkugeln in
Goldpapier (z. B. Ferrero Rocher)

Heißklebepistole

1 Sektflasche

3 Bogen grünes Seidenpapier
(à 35 x 25 cm)

Bastelbast (naturfarben)

ANLEITUNG

Das Seidenpapier in 48 Quadrate à 7 x 7 cm schneiden.

Zuerst die Schokoladenkugeln mit der Heißklebepistole mittig auf die gelben Papierquadrate kleben und kurz antrocknen lassen.

Danach die Schokoladenkugeln mit dem Papier und mithilfe der Heißklebepistole dicht an dicht auf die Sektflasche kleben.

Aus je einem grünen Seidenpapierbogen fünf Palmenblätterstreifen mit jeweils 17 cm Länge und 5 cm Breite ausschneiden.

Die Streifen mit etwas Kleber am Flaschenhals festkleben und anschließend den Flaschenhals ein Stück weit mit Bastelbast umwickeln.

Diese Ananas ist nicht nur
auf einem Partybüfett

ein cooler Blickfang,

sie enthält auch noch eine
süße Schokoladen-Über-
raschung zum Naschen.

DIY ANANAS-PIÑATA & FRUCHTSPIESS

Für jeweils 1 Dekoration

MATERIAL & ZUTATEN

Für die Ananas-Piñata

1 Pappteller

Süßigkeiten zum Befüllen

Tacker

7 Streifen gelbe Seidenpapier mit je ca. 25 x 3 cm

1 Streifen grüner Seidenpapier mit 40 x 3 cm

Schere

Kleber

Für die Fruchtspieße

15 Blaubeeren pro Spieß

1 Stück Ananas pro Spieß (ca. 4 cm groß)

1 kleiner Stern-Ausstecher

lange Holzspieße

ANLEITUNG & ZUBEREITUNG

Den Pappteller einmal mittig falten, mit leckeren Süßigkeiten befüllen und an der offenen Kante mit einem Tacker verschließen.

Die gelben und grünen Seidenpapierstreifen der Länge nach an der unteren Hälfte mit einer Schere fransenartig ein-, aber nicht durchschneiden.

Schichtweise die gelben Streifen auf den Pappteller kleben und zum Ende hin mit dem grünen Streifen abschließen. Überstehendes Papier rund abschneiden.

Für die Fruchtspieße die Blaubeeren waschen und trocken tupfen. Aus den Ananasstücken jeweils einen Stern ausstechen. Dann zuerst die Blaubeeren, abschließend die Ananas auf die Holzspieße stecken.

Als Kinder haben wir Wundertüten geliebt. Diese kommt hier in Form einer

Ananas-Piñata

daher und ist eine schöne Möglichkeit, jemandem mit einer kleinen Überraschung eine Freude zu bereiten.

Eis in Kombination mit Essig, harmoniert das? Und ob, diese

raffinierte Eisvariante

schmeckt mit reifen frischen Erdbeeren besonders gut.

BASILIKUMEIS MIT
BALSAMICO-ERDBEEREN

ZUTATEN

Für das Eis
1 Vanilleschote
50 g Sahne
200 ml Milch
1 Ei (M)
1 Eigelb (M)
20 g Zucker
½ Zitrone
15 g Basilikumblätter

Für die Erdbeeren
200 g Erdbeeren
50 ml Balsamico-Essig
1 EL Honig

ZUBEREITUNG

Die Vanilleschote längs aufschneiden und das Mark herauskratzen. Das Vanillemark mit Sahne und 150 ml Milch in einen Topf geben und aufkochen. Anschließend den Topf beiseitestellen und die Vanillemilch etwa 15 Minuten ziehen lassen.

Das Ei mit Eigelb und Zucker schaumig schlagen. Die Vanillemilch unterrühren. Dann alles in einem Topf unter ständigem Rühren langsam erhitzen, nicht aufkochen, bis die Masse anfängt, cremig zu werden.

Den Saft der Zitrone auspressen. Das Basilikum waschen, trocken tupfen und mit der restlichen Milch pürieren. Erst den Zitronensaft, dann das Basilikumpüree unter die Eismasse rühren.

Die Masse in eine gefriergeeignete Schüssel oder passende Backform füllen und für mindestens 5–6 Stunden in den Gefrierschrank stellen. Dabei zwischendurch einmal umrühren.

Die Erdbeeren waschen, putzen und halbieren. Den Essig in einem Topf erhitzen, den Honig dazugeben und alles bei mittlerer Hitze 1–2 Minuten einkochen, anschließend abkühlen lassen.

Das Eis portionsweise anrichten, mit den Erdbeeren und dem Essig garnieren und servieren.

ERDNUSS-KARAMELL-TORTE

Für 1 Torte mit 15 cm Ø

ZUTATEN

Für die Böden

300 g Butter

200 g Zucker

5 Eier (M)

150 g Weizenmehl (Type 405)

100 g gemahlene Mandeln

Salz

1 TL Backpulver

50 g Kakaopulver zum Backen

80 g Schokoladenraspel

Für die Nusscreme

50 ml Milch

1 EL Kakaopulver

2 EL Ahornsirup

100 g Haselnusskerne

100 g Mascarpone

Für den Erdnuss-Karamell

100 g Zucker

40 g Butter

60 g Sahne

100 g geröstete gesalzene Erdnüsse

Für das Topping

25 g Vollmilchkuvertüre

einige Erdnüsse

Außerdem

3 Springformen mit je 15 cm Ø

Margarine und Mehl für die Formen

ZUBEREITUNG

Den Backofen auf 180 °C Ober-/Unterhitze vorheizen. Die Formen einfetten und mit Mehl ausstäuben. Für die Böden die Butter mit Zucker in einer Rührschüssel schaumig rühren. Die Eier nach und nach unterrühren. Mehl, Mandeln, 1 Prise Salz, Back- und Kakaopulver zum Backen sowie die Schokoladenraspel dazugeben und alles zu einem zähflüssigen Teig verrühren.

Den Teig gleichmäßig auf die Springformen verteilen und im Backofen (mittlere Schiene) etwa 30 Minuten backen. Die Stäbchenprobe machen (siehe Tipp S. 39)! Der Teig sollte nicht mehr flüssig, aber schön saftig sein. Die Böden herausnehmen und kurz abkühlen lassen. Dann die Böden aus der Form lösen und auf einem Kuchengitter vollständig auskühlen lassen.

Für die Nusscreme die Milch mit dem Kakaopulver aufkochen. Den Ahornsirup dazugeben und bei niedriger Hitze unter Rühren 1–2 Minuten köcheln lassen. Den Topf vom Herd nehmen und die Haselnusskerne unter die Milch rühren. Den Mascarpone hinzufügen und alles zu einer weichen Creme verrühren.

Einen Boden mit Nusscreme bestreichen. Den zweiten Boden darauflegen und mit Creme bestreichen. Den dritten Boden auf die Creme setzen.

Für den Karamell den Zucker schmelzen, dabei gelegentlich umrühren, bis eine hellbraune, flüssige Masse entsteht. Die Butter unter Rühren dazugeben, bis eine homogene Masse entsteht.

Die Pfanne vom Herd nehmen, die Sahne dazugeben und zu einer cremigen Karamellsauce verrühren. Die Erdnüsse unterheben und die Sauce auf dem obersten Tortenboden verteilen. Die Kuvertüre in einer Schüssel über dem heißen Wasserbad schmelzen und auf der Torte verteilen. Mit Erdnüssen verzieren.

Salzige Erdnüsse, gemischt
mit einem süßen Karamell,
ergeben eine

*perfekte Geschmacks-
kombination.*

KOKOSKUGELN

Für 25 Stück

ZUTATEN

300 g Kokosraspel
120 g gehackte Mandeln
60 g Kokosöl
60 g Honig
1 Vanilleschote

Für die Hülle

50 g Walnusskerne
50 g Schokoraspel
50 g Kokosraspel

ZUBEREITUNG

Kokosraspel mit den Mandeln im Blitzhacker oder Mixer pürieren, bis eine weiche, bröselige Masse entsteht.

Das Kokosöl Topf erwärmen, bis es flüssig ist. Das flüssige Kokosöl mit dem Honig unter die Kokos-Mandel-Mischung rühren, bis eine klebrige Masse entsteht.

Die Vanilleschote längs aufschneiden und das Mark herauskratzen. Das Vanillemark unter die Masse rühren.

Für die Hülle die Walnusskerne und Schokoraspel klein hacken. Beides mit den Kokosraspeln in einem tiefen Teller mischen.

Aus dem Teig mit feuchten Händen 25 kleine Kugeln formen, diese in der Kokosmischung wälzen und auf einen Teller legen. Die Kokoskugeln in den Kühlschrank legen und in 30 Minuten fest werden lassen.

TIPP

Für eine vegane Variante kann man anstelle von Honig Agavendicksaft nehmen und die Schokoraspel durch klein gehackte vegane Zartbitterschokolade ersetzen.

Kokoskugeln sind
ein perfekter Snack
für zwischendurch, zudem lassen sie sich gut transportieren und sind somit ein toller Begleiter für Ausflüge oder für den Süßhunger im Büro.

HIMBEERCREME MIT MARMOR-BAISER

Für 4 Gläser mit je 220 ml Inhalt und 50 Baisers

ZUTATEN

Für die Creme

200 g Sahne
1 TL Puderzucker
250 g Mascarpone
250 g Speisequark (20 % Fett)
2 EL Vanillezucker
250 g Himbeeren

Für die Baisers

4 Eiweiß (M)
200 g Zucker
3 EL Vanillezucker
1 TL Weißweinessig
1 TL Speisestärke
1 Messerspitze
rosa Lebensmittelpaste

Außerdem

Spritzbeutel mit großer
Lochtülle mit 1 cm Ø
4 frische Minzeblätter

ZUBEREITUNG

Für die Himbeercreme die Sahne mit dem Puderzucker steif schlagen. Den Mascarpone mit Quark und Vanillezucker verrühren und die Sahne vorsichtig unterheben. Die Himbeeren waschen, trocken tupfen und unter die Creme mischen. Die Creme gleichmäßig in die Gläser füllen und die Gläser in den Kühlschrank stellen.

Inzwischen für die Baisers die Eiweiße steif schlagen, dabei den Zucker und Vanillezucker nach und nach einrieseln lassen und weiterschlagen, bis ein zäher und glänzender Eischnee entsteht.

Den Backofen auf 120 °C Ober-/Unterhitze vorheizen. Ein Backblech mit Backpapier auslegen.

Den Weißweinessig und die Speisestärke unter den Eischnee haben. Die rosa Lebensmittelpaste zum Eischnee geben und kurz durchrühren, sodass ein Marmormuster entsteht.

Den Eischnee in einen Spritzbeutel mit Lochtülle füllen und 50 Tupfen auf das Backblech setzen. Die Baisers im Backofen (mittlere Schiene) 40–45 Minuten backen. Anschließend die Baisers im Ofen bei offener Ofentür abkühlen lassen.

Vor dem Servieren 12 Baisers zerkrümeln. Die Creme damit bestreuen und mit Minzeblättern verzieren.

TIPP

Die restlichen Baisers lassen sich in einer Klarsichttüte fest verschlossen aufbewahren. Sie schmecken entweder pur zwischendurch oder als Garnitur auf Kuchen und Cremes.

Im Sommer esse ich
in Desserts besonders gern

frische Beeren

und diese Creme bekommt
durch das marmorierte
Schaumgebäck einen super-
tollen Geschmack.

Diese kleinen Baisertörtchen lassen sich

je nach Geschmack,

Vorlieben und Jahreszeit nicht nur mit Beeren, sondern auch mit anderen frischen Früchten belegen.

MINI-PAVLOVAS

Für 10 Stück

ZUTATEN

Für das Baiser

2 Eiweiß (M)
100 g Zucker
1 TL Vanillezucker

Für den Belag

150 g Sahne
2 TL Puderzucker
1 EL Vanillezucker
10 frische Minzeblätter
10 Brombeeren
10 Blaubeeren
10 Erdbeeren

ZUBEREITUNG

Für das Baiser die Eiweiße in einer hohen Rührschüssel steif schlagen, dabei den Zucker und Vanillezucker einrieseln lassen und weiterschlagen, bis ein zäher und glänzender Eischnee entsteht.

Den Backofen auf 120 °C Ober-/Unterhitze vorheizen. Ein Backblech mit Backpapier auslegen.

Den Eischnee mithilfe von zwei Löffeln in zehn Kreisen mit jeweils etwa 5 cm Durchmesser auf das Backblech streichen. In die Mitte jeweils eine Mulde drücken. Das Baiser im Backofen (mittlere Schiene) 40 Minuten backen. Anschließend die Baiserkreise im Backofen bei offener Ofentür abkühlen lassen.

Für den Belag die Sahne mit dem Puderzucker steif schlagen, dabei den Vanillezucker unterrühren. Die Sahne auf dem Baiser verteilen. Die Pavlovas mit Minze, Brombeeren, Blaubeeren und Erdbeeren verzieren.

TIPP

Wer lieber eine große Baisertorte haben möchte, der kann auch aus der gleichen Zutatenmenge einen Baiserboden mit 30 cm Durchmesser backen und zum Verzieren andere oder mehr Früchte verwenden.

SCHOKO-CRÊPES MIT ERDBEEREN

Für 6 Stück

ZUTATEN

Für den Teig

2 Eier (M)

2 EL Vanillezucker

2 EL Zucker

150 g Weizenmehl (Type 405)

3 EL Kakaopulver zum Backen

Salz

250 ml Milch

etwas Öl zum Backen

Für den Belag

240 g Sahne

2 TL Puderzucker

2 EL Vanillezucker

200 g Erdbeeren

100 g Zartbitterkuvertüre

Puderzucker (nach Belieben)

ZUBEREITUNG

Für den Teig die Eier mit Vanillezucker und Zucker in einer Rührschüssel schaumig rühren. Das Mehl mit dem Kakaopulver mischen, die Mischung dazusieben und unterrühren. 1 Prise Salz und die Milch dazugeben und alles verrühren, bis ein glatter flüssiger Teig entsteht. Den Teig mit einem Tuch abdecken und etwa 20 Minuten ruhen lassen.

Aus dem Teig nacheinander 6 Crêpes backen. Dafür jeweils etwas Öl in einer Pfanne oder auf einem Crêpe-Eisen erhitzen. 1 Schöpfkelle Teig dazugeben und bei mittlerer Hitze auf beiden Seiten etwa 2 Minuten backen, bis sie goldbraun sind. Herausnehmen und auf einem Kuchengitter vollständig abkühlen lassen.

Für den Belag die Sahne mit Puderzucker und Vanillezucker steif schlagen. Die Erdbeeren waschen, trocken tupfen, putzen und vierteln. Die Viertel unter die Sahne heben.

Die Zartbitterkuvertüre in einer Schüssel über dem heißen Wasserbad schmelzen. Die Crêpes mit der Erdbeer-Sahne bestreichen, einrollen und mit der Zartkuvertüre bedecken. Die Crêpes nach Belieben mit Puderzucker bestäuben und servieren.

Crêpes mit Schokolade

sind auf jedem Volksfest ein absolutes Muss. Sie lassen sich aber auch zu Hause einfach zubereiten – bei uns am liebsten auf klassische Art – mit Schokolade, Erdbeeren und Sahne.

Tiramisu ist eine meiner liebsten Nachspeisen, ob

im Herbst mit Äpfeln

oder im Sommer mit frischen Beeren. Ich mag das Cremige und den Kakaogeschmack sehr gern.

HIMBEER-TIRAMISU

Für 6 Personen

ZUTATEN

Für die Böden
9 Löffelbiskuits
4 EL Mandellikör
(z. B. Amaretto)

Für die Creme
150 g Himbeeren
150 g Sahne
1 TL + 100 g Puderzucker
2 EL Vanillezucker
1 Spritzer Limettensaft
250 g Mascarpone

Für die Dekoration
200 g Sahne
2 TL Puderzucker
3 TL Kakaopulver zum Backen
6 frische Minzeblätter
6 Himbeeren

Außerdem
Gefrierbeutel
Nudelholz
6 Dessertringe mit je 8 cm Ø
Spritzbeutel mit Lochtülle
mit 1 cm Ø

ZUBEREITUNG

Für die Böden die Löffelbiskuits in einen Gefrierbeutel geben und mit einem Nudelholz klein zerbröseln. Die Brösel in einer Schüssel mit dem Mandellikör vermischen. Die Dessertringe auf Dessertteller setzen. Die Biskuitmasse gleichmäßig auf die Ringe verteilen und fest andrücken, am besten mit einem Stampfer.

Für die Creme 50 g Himbeeren mit einem Pürierstab pürieren. Die Sahne mit 1 Teelöffel Puderzucker steif schlagen. Das Himbeerpüree unter die Sahne heben. Den restlichen Puderzucker durchsieben, dann mit Vanillezucker und Limettensaft ebenfalls vorsichtig unter die Sahne heben.

Den Mascarpone glatt rühren. Die Sahnemischung dazugeben und unterrühren. Die übrigen Himbeeren waschen, trocken tupfen und unter den Mascarpone heben. Die Creme gleichmäßig auf der Löffelbiskuitmasse verteilen und für mindestens 3-4 Stunden in den Kühlschrank stellen und fest werden lassen.

Vor dem Servieren die Dessertringe entfernen. Für die Dekoration die Sahne mit dem Puderzucker steif schlagen. Die Sahne in einen Spritzbeutel mit großer Lochtülle füllen und in Tuffs auf das Tiramisu spritzen. Mit Kakaopulver bestreuen, mit Minzeblättern und Himbeeren verzieren und servieren.

BEEREN-MASCARPONE-CREME IN SCHOKOLADENSCHALEN

Für 4 Personen

ZUTATEN

Für die Schalen
200 g Zartbitterkuvertüre
1 EL neutrales Pflanzenöl
4 Luftballons

Für die Creme
100 g Mascarpone
200 g Joghurt (3,5 % Fett)
3 EL Vanillezucker
100 g Sahne
1 EL Puderzucker

Für das Beerenpüree
100 g Himbeeren
100 g Erdbeeren
½ Zitrone

Außerdem
Schokoladenraspel
1 Handvoll Himbeeren

ZUBEREITUNG

Für die Schokoladenschalen 150 g Zartbitterkuvertüre in Stücke brechen und in einer Schüssel über dem heißen Wasserbad schmelzen. Die restliche Zartbitterkuvertüre klein hacken oder raspeln.

Die Kuvertüre vom Herd nehmen, die gehackte Kuvertüre und das Öl unterrühren. Die Kuvertüremischung leicht abkühlen lassen. Backpapier auf ein Brett legen.

Inzwischen die Luftballons leicht aufpusten, die Öffnung schließen und auf der runden Seite einmal kräftig in die Kuvertüren tauchen. Die Ballons auf das Backpapier setzen, in den Kühlschrank stellen und die Schokolade in 10–15 Minuten fest werden lassen. Anschließend die Ballons in die übrige Kuvertüre tauchen und wieder fest werden lassen.

Für die Creme den Mascarpone mit Joghurt und Vanillezucker verrühren. Die Sahne mit dem Puderzucker steif schlagen und unter die Mascarpone-Joghurt-Mischung heben. Die Creme bis zur Verwendung in den Kühlschrank stellen.

Die Himbeeren und Erdbeeren waschen und trocken tupfen. Die Erdbeeren putzen. Den Saft der Zitrone auspressen. Himbeeren, Erdbeeren und Zitronensaft mit einem Pürierstab fein pürieren.

Vor dem Servieren die Ballons anpieksen und vorsichtig aus der Schale lösen. Die Creme und das Beerenpüree abwechselnd in die Schokoladenschalen füllen. Mit Schokoladenraspeln und Himbeeren verzieren.

Diese hübschen

Schokoladenschalen

sind nicht nur ein echter
Hingucker, sie können auch
gleich mitgegessen werden.

Bienenstich ist auch einer der Lieblingskuchen aus meiner Kindheit. Früher gab es ihn häufig bei meiner Oma und bis heute ist er

einer meiner Favoriten

unter den Sommerkuchen.

BIENENSTICH IM GLAS

Für 6 Gläser mit je 220 ml Inhalt

ZUTATEN

Für den Mandelkrokant

60 g Zucker

2 EL Honig

80 g gehobelte Mandeln

Für die Creme

½ Päckchen Vanille-
puddingpulver

3 EL Zucker

250 ml Milch

100 g Sahne

1 TL Puderzucker

125 g Speisequark (20 % Fett)

Außerdem

9 Löffelbiskuits

ZUBEREITUNG

Für den Mandelkrokant den Zucker mit dem Honig in einem Topf bei niedriger Hitze schmelzen, dabei gelegentlich umrühren, bis eine hellbraune, zähflüssige Masse entsteht.

Die gehobelten Mandeln zügig unterheben und weiterrühren, bis sie braun geworden sind. Anschließend den Krokant auf ein Backpapier geben, glatt streichen und fest werden lassen.

Für die Creme das Vanillepuddingpulver mit dem Zucker mischen. Die Milch in einem Topf aufkochen. Den Topf vom Herd nehmen und die Puddingpulvermischung zügig unterrühren, damit sie nicht klumpt. Den Pudding aufkochen und etwa 1 Minute kochen lassen. Den Topf beiseitestellen und den Pudding vollständig auskühlen lassen.

Die Sahne mit dem Puderzucker steif schlagen. Den Quark glatt rühren und die Sahne unterheben. Zum Schluss den kalten Pudding unterrühren.

Die Löffelbiskuits in Stücke brechen und auf die Gläser verteilen. Die Creme ebenfalls gleichmäßig darauf verteilen. Das Mandelkrokant vom Backpapier lösen und zerkleinern. Die Creme damit bestreuen.

CRÈME BRULÉE

Für 6 Personen

ZUTATEN

1 Vanilleschote
250 ml Milch
250 g Sahne
4 Eigelb (M)
50 g Zucker
100 g brauner Zucker
6 Physalis
6 Blaubeeren
6 Himbeeren

Außerdem

6 Auflaufförmchen
mit je 8 cm Ø
Küchen-Gasbrenner
für Crème brulée

ZUBEREITUNG

Die Vanilleschote längs aufschneiden und das Mark herauskratzen. Vanillemark, Vanilleschote und Milch in einen Topf geben und aufkochen. Den Topf vom Herd nehmen und etwa 10 Minuten ziehen lassen.

Den Backofen auf 120 °C Ober-/Unterhitze vorheizen. Die Vanilleschote aus der Vanillemilch nehmen. Die Sahne hinzufügen und alles bis zum Siedepunkt erhitzen. Die Eigelbe mit dem Zucker schaumig rühren und unter die Sahne-Vanille-Milch rühren.

Die Mischung sofort in die Förmchen füllen und im Backofen (mittlere Schiene) in etwa 30 Minuten stocken lassen, bis sich an der Oberfläche eine Haut bildet. Die Förmchen aus dem Backofen nehmen und die Creme für etwa 2 Stunden in den Kühlschrank stellen.

Vor dem Servieren die Creme mit dem braunen Zucker bestreuen und mit dem Gasbrenner und mit einigen Zentimeter Abstand karamellisieren. Die Hülle der Physalis öffnen. Die Creme mit Blaubeeren, Himbeeren und Physalis verzieren und servieren.

TIPP

Der Zucker könnt ihr auch ohne Gasbrenner karamellisieren. Dazu die Förmchen unter den Backofengrill (obere Schiene) schieben und den Zucker auf höchster Stufe schmelzen, bis er karamellisiert ist. Die Förmchen sofort herausnehmen.

Dieser beliebte Süßspeisen-
Klassiker braucht etwas Zeit,
wird aber durch die

leckere Karamellkruste

zu einem ganz besonders
raffinierten Dessert.

KOKOS-ANANAS-EIS

Für 6 Personen

ZUTATEN

100 g Ananasstücke (frisch oder
aus der Dose, siehe Tipp)
200 ml Ananassaft
200 g Crème fraîche
100 g Sahne
60 g Zucker
3 EL Kokosraspel
6 Eiswaffeln
Schirmchen für die Deko

ZUBEREITUNG

Die Ananasstücke mit dem Saft in ein hohes Rührgefäß geben und mit einem Pürierstab ganz fein pürieren.

Ananaspüree, Crème fraîche, Sahne, Zucker und Kokosraspel in eine Rührschüssel geben und alles mit den Quirlen des Handrührgeräts in etwa 5 Minuten schön schaumig rühren.

Die Eismasse in ein gefriergeeignetes großes Gefäß umfüllen und in den Gefrierschrank stellen. Das Eis nach etwa 1 ½ Stunde, die Ränder sollten schon gefroren sein, mit einem Schneebesen aufschlagen. Das Eis über Nacht im Gefrierschrank weiter gefrieren lassen und dabei noch ein- bis zweimal durchrühren.

Das Eis in kleinen Schälchen anrichten, mit Eiswaffeln und Papierschirmchen verziert servieren.

TIPP

Wer das Eis wie auf dem Foto in einer Ananas servieren möchte, halbiert 1 frische Ananas und höhlt sie aus. 100 g Fruchtfleisch für das Eis und den Rest anderweitig verwenden. Das Eis in die Ananasschale füllen und mit Eiswaffeln und Schirmchen dekorieren.

Mit fruchtigem Eis kann man

heiße Sommertage

genießen. Das Eis erfrischt
und stillt auf kühle Weise die
Lust auf etwas Süßes.

PFANNKUCHEN MIT KIRSCHKOMPOTT

Für 8 Stück

ZUTATEN

Für das Kirschkompott

200 ml Rotwein

2-3 Scheiben Bio-Orange

2-3 Scheiben Bio-Zitrone

300 g Gelierzucker

500 g Kirschen, entsteint

Für die Pfannkuchen

500 ml Milch

300 g Weizenmehl (Type 405)

4 Eier (M)

Salz

2 EL Zucker

etwas Öl zum Braten

Außerdem

3 Einmachgläser
mit je 250 ml Inhalt

8 lange Holzspieße

Puderzucker zum Bestäuben

ZUBEREITUNG

Für das Kompott den Rotwein mit den Orangen- und Zitronenscheiben sowie dem Gelierzucker aufkochen. Anschließend die Orangen- und Zitronenscheiben entfernen. Inzwischen die Kirschen leicht pürieren und dazugeben. Alles offen bei starker Hitze 3-5 Minuten sprudelnd kochen lassen.

Das Kompott in die sauberen und heiß ausgespülten Einmachgläser füllen. Die Gläser sofort verschließen und das Kompott im Kühlschrank fest werden lassen. Das Kompott entweder am Vortag oder einige Stunden vor dem Zubereiten der Pfannkuchen vorbereiten.

Für die Pfannkuchen die Milch in eine Rührschüssel geben und das Mehl unter Rühren nach und nach hinzufügen. Dann die Eier, 1 Prise Salz und den Zucker unter den Teig rühren.

Aus dem zähflüssigen Teig nacheinander 8 Pfannkuchen backen. Dafür etwas Öl in einer Pfanne erhitzen, etwas Teig dazugeben und auf jeder Seiten in 2-3 Minuten goldbraun backen.

Zum Servieren die Pfannkuchen mit dem abgekühlten Kompott bestreichen, aufrollen und in etwa 1,5 cm breite Stücke schneiden. Etwa 5 Pfannkuchenstücke auf die Holzspieße stecken, die Spieße mit Puderzucker bestäuben und servieren.

Pfannkuchen gehen bei uns immer, sie sind außerdem schnell zubereitet,

schmecken uns süß

und herzhaft und eignen sich super als Dessert oder auch als Hauptmahlzeit.

Ich liebe im Sommer frische
Johannisbeeren. Die roten
Winzlinge haben ein angenehm

säuerliches Aroma

und passen hervorragend zu
Desserts und Kuchen.

EAT
ME

JOHANNISBEER-PARFAIT MIT BAISER

Für 1 Kastenform mit 30 cm Länge

ZUTATEN

Für das Parfait

250 g Johannisbeeren
1 Vanilleschote
40 g + 1 TL Puderzucker
300 Joghurt (3,5 % Fett)
2 Eigelb (M)
100 g Zucker
125 g Sahne

Für das Baiser

2 Eiweiß (M)
Salz
50 g Zucker

Außerdem

1 Spritzbeutel mit Sterntülle
Küchen-Gasbrenner
für Crème brulée
1 Rispe Johannisbeeren

ZUBEREITUNG

Für das Parfait die Johannisbeeren waschen und von den Rispen abzupfen. Anschließend die Beeren fein pürieren. Zum Entfernen der Kerne das Fruchtpüree durch ein Haarsieb passieren und auffangen.

Die Vanilleschote längs aufschneiden und das Mark herauskratzen. Das Vanillemark mit 40 g Puderzucker und Joghurt in einer Schüssel verrühren und unter das Johannisbeerpüree mischen.

Eigelbe und Zucker in eine Schüssel geben und über dem heißen Wasserbad cremig aufschlagen, bis der Zucker beginnt sich aufzulösen. Dann die Schüssel beistellen und die Masse unter Rühren erkalten lassen. Die Johannisbeermischung dazugeben und unterrühren. Die Sahne mit 1 Teelöffel Puderzucker steif schlagen und ebenfalls unterheben.

Die Kastenform mit Frischhaltefolie auslegen. Die Parfait-Masse in die Form füllen und für mindestens 3 Stunden in den Gefrierschrank stellen.

Für das Baiser die Eiweiße mit 1 Prise Salz steif schlagen, dabei den Zucker nach und nach einrieseln lassen und weiterschlagen, bis ein zäher und glänzender Eischnee entsteht. Den Eischnee in einen Spritzbeutel mit Sterntülle füllen und in kleinen Tupfen auf das gefrorene Parfait spritzen. Die Eischneetupfen kurz mit dem Küchen-Gasbrenner leicht bräunen. Das Parfait mit der Johannisbeerrispe verzieren und servieren.

TIPP

Als Alternative eignen sich für das Parfait auch andere Beeren, z. B. Erdbeeren, Himbeeren, Blaubeeren, Brombeeren oder auch Kirschen.

MANGOPRALINEN

Für 50 Stück

ZUTATEN

Für die Füllung

50 g Zucker
1 Eigelb (M)
25 g Weizenmehl (Type 405)
2 EL + 250 ml Milch
100 g Mangofruchtfleisch

Außerdem

50 Pralinen-Hohlkugeln
mit je 2,5 cm Ø in Zartbitter,-
Vollmilch,- und weißer
Schokolade
(aus dem Internet)
Spritzbeutel mit Lochtülle
mit 5 mm Ø

ZUBEREITUNG

Für die Füllung den Zucker mit dem Eigelb mit den Quirlen des Handrührgeräts schaumig rühren. Das Mehl und 2 Esslöffel Milch dazugeben und unterrühren.

250 ml Milch in einem Topf erhitzen. Die Zucker-Eigelb-Mischung hinzufügen und alles unter Rühren aufkochen. Den Topf vom Herd nehmen.

Das Mangofruchtfleisch mit einer Gabel fein zerdrücken und unter die Creme heben. Die Füllung unter gelegentlichem Rühren abkühlen lassen, bis sie lauwarm ist.

Die lauwarme Füllung in einen Spritzbeutel mit Lochtülle füllen und in die Pralinen-Hohlkugeln spritzen. Die Pralinen in den Kühlschrank stellen und die Füllung in 30–60 Minuten fest werden lassen.

TIPP

Zum Füllen der Pralinen-Hohlkugeln die Kugeln am besten in eine entsprechende Pralinen-Kugelform legen. Diese wird in der Regel mitgeliefert. So bekommen die Pralinen Halt und rollen beim Befüllen nicht zur Seite. Die Pralinen nach Belieben verpacken und bis zum Verschenken im Kühlschrank aufbewahren.

Knackige Schokolade mit fruchtiger Füllung, diese selbst gemachten Pralinen sind für jeden Schokoladenfan ein

unwiderstehlicher Hochgenuss.

Herbst

Ich finde Halloween super
und freue mich jedes Jahr
darauf, neben dem Kürbis-
schnitzen auch noch schöne

gruselige Dekorationen

zu basteln.

DIY HALLOWEEN SWEET TABLE

Für 2 Vampiräpfel und 2 Fondantgeister

ZUTATEN & MATERIAL

Für die Vampiräpfel

2 große Äpfel

100 g Vollmilchkuvertüre

2 Vampirgebisse

4 Marshmallow-Dreiecke

2 rote Fruchtgummi-Himbeeren

4 runde Weingummi

Für die Fondantgeister

100 g weißer Fondant

3 Lollies

10 g schwarzer Fondant

Außerdem

2 lange Holzspieße

Nudelholz

1 runder Ausstecher mit 8 cm Ø

ZUBEREITUNG & ANLEITUNG

Für die Vampiräpfel in jeden Apfel einen Holzspieß stecken. Die Kuvertüre in einer Schüssel über dem heißen Wasserbad schmelzen, dann kurz abkühlen lassen.

Die Äpfel in die Kuvertüre tauchen und dabei komplett mit Kuvertüre bedecken. Die Äpfel auf einen Teller mit Backpapier setzen und in den Kühlschrank stellen, bis die Kuvertüre beginnt fest zu werden, aber noch nicht vollständig ausgehärtet ist.

Die Äpfel mit den Vampirgebissen, Marshmallows als Ohren, Fruchtgummi-Himbeeren als Nase und Weingummis als Augen verzieren. Die Äpfel im Kühlschrank vollständig aushärten lassen.

Für die Fondantgeister den weißen Fondant mit dem Nudelholz auf einem Bogen Backpapier dünn ausrollen. Aus dem Fondant drei Kreise mit je 8 cm Durchmesser ausstechen und die Fondantkreise über die Lollies legen. Aus dem schwarzen Fondant Augen und Münder formen und auf den weißen Fondant drücken.

TIPP

Als zusätzliche Dekoration für den Halloween Table kann man schwarze Pappboxen mit frischem Popcorn füllen und von Waldmeisterlimonadenflaschen die Etiketten entfernen und die Flaschen mit kleinen Monsteraufklebern verzieren.

DIY BÄUMCHENSERVIETTE FALTEN

Für 1 Serviette

MATERIAL

dreilagige grüne Serviette mit 33 x 33 cm
goldenes Bastelpapier
Kleber
1 Zimtstange

ANLEITUNG

Die Serviette rautenförmig mit der offenen Seite nach oben hinlegen. Dann nach und nach die einzelnen Lagen an der oberen Ecke greifen und nach unten klappen, etwas versetzt umknicken und feststreichen.

Die Seiten nach hinten (Richtung Unterlage) wegklappen, so entsteht schon eine grobe Tannenbaumform. Die Spitzen nacheinander nach innen wegklappen und feststreichen.

Pro Dekoration auf das Bastelpapier einen Stern aufzeichnen, die Sterne ausschneiden und jeweils einen Stern auf die Serviette kleben. Als Stamm eine Zimtstange in die Serviette stecken.

TIPP

Den Tisch nach Belieben mit Gewürznelken, Zimtstangen und Tannenzweigen dekorieren. So verbreiten sie einen herrlichen Duft im Raum.

Festlich eingedeckte Tische

verzaubern die Tischgäste

und sorgen für eine gemütliche Stimmung.

SCHOKOLADENPUDDING MIT SCHOKOBREZELN

Für 4 Gläser mit je 250 ml Inhalt

ZUTATEN

Für den Pudding

500 ml Milch

100 g Zartbitterkuvertüre

35 g Speisestärke

3 EL Kakaopulver

50 g Zucker

100 g Sahne

2 TL Puderzucker

Für die Schokobrezeln

50 g Zartbitterkuvertüre

30 kleine Salzbrezeln

ZUBEREITUNG

Für den Pudding von der Milch 50 ml abnehmen und beiseitestellen. Die restliche Milch in einem Topf erwärmen. 50 g Kuvertüre dazugeben und unter Rühren schmelzen. Die übrige Kuvertüre hacken. Die restliche Milch mit der Speisestärke verrühren, dann das Kakaopulver und den Zucker hinzufügen und gut unterrühren.

Die Milch mit der Kuvertüre aufkochen, die Kakaomischung dazugeben, alles aufkochen und etwa 1 Minute kochen lassen. Den Pudding in die Gläser füllen, mit Frischhaltefolie abdecken und zum Abkühlen in den Kühlschrank stellen.

Für die Schokobrezeln die Kuvertüre in einer Schüssel über dem heißen Wasserbad schmelzen. Die Brezeln nacheinander zur Hälfte in die Kuvertüre tauchen, auf einen großen Bogen Backpapier legen und anschließend die Kuvertüre im Kühlschrank fest werden lassen.

Die Sahne mit dem Puderzucker steif schlagen. Den Pudding mit der Sahne, der gehackten Kuvertüre und den Schokobrezeln verzieren und servieren.

Der beliebte Puddingklassiker kommt hier

cremig-zart und

auf ganz neue Art daher.

VEGANER SCHOKOKUCHEN MIT VANILLEEIS

Für 1 Tarteform mit 26 cm Ø

ZUTATEN

Für den Teig

140 g Weizenmehl (Type 405)

60 g Kakaopulver zum Backen

200 g Zucker

1 TL Natron

Salz

2 EL Vanillezucker

30 g gehobelte Mandeln

1 EL Weißweinessig

5 EL neutrales Pflanzenöl

Für das Vanilleeis

1 Vanilleschote

500 ml Sojamilch

150 g Zucker

2 EL Weizenmehl (Type 405)

100 g Kokosöl

150 g Walnusskerne

Außerdem

Margarine und Mehl für die Form

Puderzucker zum Bestreuen

ZUBEREITUNG

Für den Teig das Mehl mit Kakaopulver, Zucker, Natron, 1 Prise Salz, Vanillezucker und gehobelten Mandeln in eine Rührschüssel geben und mischen. Den Backofen auf 180 °C Ober-/Unterhitze vorheizen. Eine Tarteform einfetten und mit Mehl ausstäuben.

In einer zweiten Schüssel 200 ml kaltes Wasser mit dem Weißweinessig verrühren. Das Essigwasser nach und nach unter die Mehlmischung rühren. Zum Schluss das Öl unterrühren, bis ein leicht zähflüssiger Teig entsteht.

Den Teig in die Form füllen und im Backofen (mittlere Schiene) etwa 20 Minuten backen. Die Stäbchenprobe machen (siehe Tipp S. 39). Den Kuchen herausnehmen und in der Form vollständig auskühlen lassen.

Inzwischen für das Eis die Vanilleschote längs aufschneiden und das Mark herauskratzen. Vanillemark, Sojamilch, Zucker, Mehl, Kokosöl und Walnusskerne in einen Mixer geben und 30–60 Sekunden auf hoher Stufe mixen, bis die Walnusskerne komplett zerkleinert sind.

Die Eismasse in einem Topf unter Rühren aufkochen, sofort in ein gefriergeeignetes Gefäß umfüllen und leicht abkühlen lassen. Dann die Masse für mindestens 6 Stunden in den Gefrierschrank stellen. Nach etwa 2 Stunden das Eis umrühren.

Den Schokokuchen in Stücke schneiden, mit etwas Puderzucker bestreuen und mit dem Eis servieren.

Ich backe gern vegane
Kuchen. Das Vanilleeis

mit Kokos und
Walnussgeschmack

dazu ist so unglaublich cremig
und in Kombination mit dem
Schokoladenaroma ist das
Ganze einfach ein Traum.

MOUSSE AU CHOCOLAT

Für 4 Gläser mit je 150 ml Inhalt

ZUTATEN

Für die Mousse

150 g Zartbitterkuvertüre

3 frische Eier (M)

Salz

20 g Zucker

1 Päckchen Vanillezucker

200 g Sahne

2 TL Puderzucker

Für das Topping

100 g Sahne

1 TL Puderzucker

4 Physalis

4 Schokokeksstäbchen

4 Eiswaffeln

Außerdem

Spritzbeutel mit Sterntülle

ZUBEREITUNG

Für die Mousse die Kuvertüre in einer Schüssel über dem heißen Wasserbad schmelzen, anschließend beiseitestellen und abkühlen lassen.

Die Eier trennen. Die Eiweiße mit 1 Prise Salz steif schlagen. Die Eigelbe in einer Schüssel mit Zucker und Vanillezucker über einem heißen Wasserbad so lange schaumig schlagen, bis eine hellgelbe Masse entsteht.

Die Schüssel mit der Eigelbmasse beiseitestellen. Die Kuvertüre unter die Eigelbmasse rühren. Danach den Eischnee vorsichtig unterheben. Die Sahne mit dem Puderzucker steif schlagen und ebenfalls unter die Creme heben. Die Mousse in die Gläser füllen und für mindestens 3 Stunden in den Kühlschrank stellen.

Für das Topping die Sahne mit dem Puderzucker steif schlagen. Die Sahne in einen Spritzbeutel mit Sterntülle füllen und auf die Mousse spritzen. Die Hülle der Physalis öffnen. Die Mousse mit Schokokeksstäbchen, Eiswaffel und Physalis verzieren und servieren.

Dieser Dessertklassiker

darf zu Recht auf keinem Nachspeisenbüfett fehlen. Als Kontrast habe ich die süße Mousse mit süßsäuerlicher Physalis kombiniert.

BLAUBEER-BROWNIE IM GLAS

Für 4 ofenfeste Gläser mit je 200 ml Inhalt

ZUTATEN

Für den Teig

150 g Weizenmehl (Type 405)

3 EL Kakaopulver zum Backen

1 EL Backpulver

1 EL Vanillezucker

80 g Zucker

80 ml Milch

1 Ei (M)

60 ml neutrales Pflanzenöl

100 g Blaubeeren

Außerdem

Margarine für die Gläser

Puderzucker zum Bestreuen

ZUBEREITUNG

Den Backofen auf 180 °C Ober-/Unterhitze vorheizen. Die Gläser einfetten.

Für den Teig Mehl, Kakaopulver, Backpulver, Vanillezucker und Zucker in eine Rührschüssel geben und mischen. Die Milch und das Ei dazugeben und unterrühren. Das Öl dazugießen und alles zu einem cremigen Teig verrühren.

Die Blaubeeren waschen, verlesen, trocken tupfen und unter den Teig heben. Die Gläser zu knapp zwei Dritteln mit dem Teig füllen. Den Teig im Backofen (mittlere Schiene) etwa 30 Minuten backen. Die Stäbchenprobe machen (siehe Tipp S. 39).

Die Brownies aus dem Backofen nehmen und auskühlen lassen. Danach im Glas mit Puderzucker bestreuen und servieren. Sie schmecken auch lauwarm sehr gut.

TIPP

Wenn man die Brownies in Weckgläsern bäckt und direkt nach dem Backen mit Deckeln und Einmachringen verschließt, halten sie sich einige Tage im Glas frisch.

Blaubeeren sind so

vielfältig verwendbar.

Mit den kleinen Beeren lassen sich die tollsten Kuchen, leckersten Torten und natürlich die sehr beliebten Blaubeer-Muffins backen.

Diese Schokoschnitten sind

ruck, zuck aufgegessen,

versprochen! Bleibt aus-
nahmsweise doch mal was
übrig, die Schnitten in eine
Keksdose packen und bis zum
nächsten Freundinnen-Treff
aufbewahren.

ERDNUSS-KARAMELL-SCHOKO-SCHNITTEN

Für 1 Springform mit 28 cm Ø

ZUTATEN

Für den Teig

200 g Weizenmehl (Type 405)

4 EL Vanillezucker

Salz

1 Ei (M)

90 g weiche Butter

Für den Erdnuss-Karamell

200 g Zucker

80 g Butter

80 g Sahne

200 g geröstete gesalzene Erdnüsse

Für den Schokoladenguss

100 g Zartbitterkuvertüre

20 g Butter

Außerdem

Mehl für die Arbeitsplatte

Margarine und Mehl für die Form

ZUBEREITUNG

Für den Teig Mehl, Vanillezucker und 1 Prise Salz in eine Rührschüssel geben und mischen. Das Ei und die weiche Butter dazugeben und alles zu einem krümeligen Teig verkneten. Den Teig zu einer Kugel formen, in Frischhaltefolie wickeln und für 30 Minuten in den Kühlschrank legen.

Den Backofen auf 170 °C Ober-/Unterhitze vorheizen. Die Form einfetten und mit Mehl ausstäuben.

Den Teig auf einer bemehlten Arbeitsplatte ausrollen und in die Form legen. Den Teig im Backofen (mittlere Schiene) etwa 30 Minuten backen.

Inzwischen für den Erdnuss-Karamell den Zucker in eine Pfanne geben und bei mittlerer Hitze schmelzen, dabei gelegentlich umrühren, bis eine hellbraune, flüssige Masse entsteht. Die Butter unter Rühren dazugeben, bis sie geschmolzen ist.

Die Pfanne vom Herd nehmen. Die Sahne unter Rühren hinzufügen und so lange weiterrühren, bis eine zähe Karamellsauce entsteht. Die Erdnüsse unter die Sauce rühren. Die Form aus dem Ofen nehmen. Den Erdnuss-Karamell auf dem Mürbeteig verteilen und glatt streichen.

Für den Schokoladenguss Kuvertüre und Butter in einer Schüssel über dem heißen Wasserbad schmelzen und auf dem Karamell verteilen. Im Kühlschrank fest werden lassen. Zum Servieren in Stücke schneiden.

BANANEN-FRISCHKÄSE-CREME MIT KARAMELLSAUCE

Für 6 Gläser mit je 200 ml Inhalt

ZUTATEN

Für die Böden
6 Löffelbiskuits
½ Zitrone
2 Bananen

Für die Creme
150 g Sahne
1 EL Puderzucker
250 g Frischkäse
3 EL brauner Zucker

Für die Karamellsauce
100 g Zucker
40 g Butter
60 g Sahne

Außerdem
Gefrierbeutel
Nudelholz
2 Pflaumen

ZUBEREITUNG

Für die Böden die Löffelbiskuits in einen Gefrierbeutel geben und mit einem Nudelholz in kleine Stücke zerbröseln. Die Brösel auf die Gläser verteilen. Den Saft der Zitrone auspressen und über die Löffelbiskuits träufeln. Die Bananen schälen, in Stücke schneiden und ebenfalls in die Gläser füllen.

Für die Creme die Sahne mit dem Puderzucker steif schlagen. Den Frischkäse und braunen Zucker dazugeben und alles cremig rühren. Die Creme auf den Bananenstücken verteilen.

Für die Karamellsauce den Zucker in eine Pfanne geben und bei mittlerer Hitze schmelzen, dabei umrühren, bis eine hellbraune flüssige Masse entsteht. Die Butter unter Rühren dazugeben, bis sie geschmolzen ist.

Die Pfanne vom Herd nehmen. Die Sahne unter Rühren hinzufügen und so lange weiterrühren, bis eine zähe Karamellsauce entsteht. Die Sauce etwas abkühlen lassen und auf der Creme verteilen.

Die Pflaumen waschen, halbieren, entsteinen und in Spalten schneiden. Das Dessert mit Pflaumenspalten verzieren und bis zum Servieren im Kühlschrank gut durchziehen lassen.

Diese leckere, ziemlich süße
Karamellsauce passt besonders gut zu

Cremes aus Frischkäse,

Puddings jeder Art, aber auch
zu Eis oder Kuchen. Einfach
mal ausprobieren und die
Lieblingskombi finden.

Dieses Törtchen habe ich für eine

Hochzeit gebacken.

Bei dem Hochzeitspaar kam die Kombination aus süß und schokoladig-herb gut an.

SCHOKOLADEN-OREO-TÖRTCHEN

Für 1 Törtchen mit 15 cm Ø

ZUTATEN

Für den Teig

75 g Butter

270 g Weizenmehl (Type 405)

60 g Kakaopulver zum Backen

½ Päckchen Backpulver

2 TL Natron

300 g Zucker

4 Oreo-Kekse

2 Eier (M)

225 ml Milch

150 ml heißer Kaffee

Für die Creme

3 EL Sahne

4 EL Puderzucker

300 g Mascarpone

Für das Topping

150 g Zartbitterkuvertüre

10 Oreo-Kekse

Außerdem

Gefrierbeutel

Nudelholz

2 Springformen mit
je 15 cm Ø

Margarine und Mehl
für die Formen

ZUBEREITUNG

Den Backofen auf 180 °C Ober-/Unterhitze vorheizen. Die Springformen einfetten und mit Mehl ausstäuben.

Für den Teig die Butter in einem kleinen Topf zerlassen, dann etwas abkühlen lassen. Das Mehl mit Kakaopulver, Backpulver, Natron und Zucker in eine Rührschüssel geben und mischen. Die Oreo-Kekse in einen Gefrierbeutel geben und mit einem Nudelholz zerbröseln.

Zuerst die Eier, dann die zerlassene Butter unter die Mehlmischung rühren. Danach die Milch und den heißen Kaffee dazugießen und unterrühren. Zum Schluss die Keksbrösel unter den Teig rühren.

Den Teig in die beiden Formen füllen und im Backofen (mittlere Schiene) 35–40 Minuten backen. Die Stäbchenprobe machen (siehe Tipp S. 39). Die Formen aus dem Ofen nehmen. Die Böden kurz abkühlen lassen, dann auf einem Kuchengitter auskühlen lassen.

Inzwischen für die Creme die Sahne mit Puderzucker steif schlagen. Sahne mit Mascarpone verrühren. Die Creme bis zur Verwendung in den Kühlschrank stellen.

Die Creme auf einen Boden streichen, den zweiten Boden daraufsetzen. Die Kuvertüre in einer Schüssel über dem heißen Wasserbad schmelzen. Den oberen Boden damit bestreichen und etwas Kuvertüre seitlich herunterlaufen lassen. Das Törtchen einige Minuten kalt stellen, bis die Kuvertüre beginnt fest zu werden.

8 Oreo-Kekse gleichmäßig auf der Kuvertüre verteilen. 2 Kekse zerbröseln und in die Mitte des Törtchens streuen. Das Törtchen zum vollständigen Festwerden der Kuvertüre in den Kühlschrank stellen.

ERDNUSS-KARAMELL-EIS

Für 1 Kastenform mit 30 cm Länge

ZUTATEN

Für das Eis

450 ml Milch
1 EL Speisestärke
300 g Sahne
150 g Zucker
Salz

Für den Belag

100 g Zucker
40 g Butter
60 g Sahne
50 g Zartbitterkuvertüre
50 g geröstete gesalzene Erdnüsse

ZUBEREITUNG

Für das Eis 50 ml Milch mit der Speisestärke glatt rühren und beiseitestellen. Die restliche Milch, Sahne, Zucker und 1 Prise Salz in eine Rührschüssel geben und mischen. Die angerührte Stärke unterrühren. Alles mit den Quirlen eines Handrührgeräts in 2–3 Minuten schaumig aufschlagen.

Eine Kastenform mit Frischhaltefolie auskleiden und die Milch-Sahne-Mischung hineinfüllen. Die Form über Nacht in den Gefrierschrank stellen.

Für den Belag den Zucker in eine Pfanne geben und bei mittlerer Hitze schmelzen, dabei gelegentlich umrühren, bis eine hellbraune, flüssige Masse entsteht. Die Butter unter Rühren dazugeben, bis sie geschmolzen ist.

Die Pfanne vom Herd nehmen. Die Sahne unter Rühren hinzufügen und so lange weiterrühren, bis eine zähe Karamellsauce entsteht. Die Karamellsauce auf dem gefrorenen Eis verteilen und die Form weitere 5 Minuten in den Gefrierschrank stellen.

Die Kuvertüre in einer Schüssel über dem heißen Wasserbad schmelzen. Die Erdnüsse auf dem Eis verteilen und andrücken. Die Karamellsaue ebenfalls auf dem Eis verteilen. Das Erdnuss-Karamell-Eis weitere 15 Minuten in den Gefrierschrank stellen.

Zum Servieren das Eis in Scheiben oder Stücke schneiden und auf Desserttellern anrichten.

Mit Erdnuss-Karamell ist diese herbstliche Eiskreation auch in der kalten Jahreszeit ein Genuss. Serviert diese cremig-süße Nachspeise als kühles Finale zu einem

Herbst-Menü –

alle werden euch dafür lieben.

Blätterteig-Tartelettes mit Marzipan schmecken nicht nur himmlisch gut, sondern passen

perfekt zum Herbst

oder in die Vorweihnachtszeit.

APFEL-BIRNEN-TARTELETTES

Für 8 Stück

ZUTATEN

1 Packung Blätterteigplatten
(ca. 275 g, 25 x 38 cm groß;
aus dem Kühlregal)

80 g Marzipanrohmasse

180 g Apfelmus (aus dem Glas)

1 Apfel

1 Birne

½ Zitrone

Puderzucker zum Bestreuen

Außerdem

8 Tarteletteförmchen
mit je 10 cm Ø

Margarine und Mehl
für die Förmchen

1 runder Ausstecher
mit 10 cm Ø

ZUBEREITUNG

Den Backofen auf 200 °C Ober-/Unterhitze vorheizen. Die Tarteletteförmchen gut einfetten und mit etwas Mehl ausstäuben.

Den Blätterteig ausrollen und sechs Kreise mit je 10 cm Durchmesser ausstechen. Die Blätterteigreste verkneten, wieder ausrollen und weitere zwei Kreise ausstechen. Die Teigkreise in die Förmchen legen.

Die Marzipanrohmasse klein schneiden oder raspeln und mit dem Apfelmus mischen. Apfel und Birne schälen, halbieren und das Kerngehäuse entfernen. Den Saft der Zitrone auspressen, die Apfel- und Birnenhälften damit bestreichen.

Die Marzipanmasse gleichmäßig auf dem Blätterteig verteilen. Apfel und Birne in dünne Scheiben schneiden und darauflegen. Im Backofen (mittlere Schiene) etwa 20 Minuten backen. Die Tartelettes eventuell in den letzten 5 Minuten mit Alufolie abdecken, damit sie nicht zu braun werden.

Die Tartelettes noch warm mit etwas Puderzucker bestreuen und servieren.

TIPP

Wer mag, kann den Blätterteig auch durch Mürbeteig aus dem Kühlregal ersetzen und den Teig nach Packungsanweisung zu Tartelettes verarbeiten.

ORANGENSALAT MIT GRANATAPFELKERNEN

Für 2 Personen

ZUTATEN

4 Orangen
1 Granatapfel
1 Sternanis
1 Zimtstange
1 EL Vanillezucker
1 EL Zucker
4 EL Orangensaft
4 EL Zitronensaft

ZUBEREITUNG

Die Orangen mit einem scharfen Messer so schälen, dass auch die weiße Schale mit entfernt wird. Die Orangen in Scheiben schneiden. Den Granatapfel halbieren und die Kerne mit einem Löffel ohne die weißen Trennwände aus den Hälften kratzen. Vorsicht, es spritzt!

Die Orangenscheiben und Granatapfelkerne in einen tiefen Teller legen. Sternanis, Zimtstange, Vanillezucker und Zucker dazugeben. Orangen- und Zitronensaft über das Obst träufeln und den Salat im Kühlschrank etwa 2 Stunden durchziehen lassen.

Zum Servieren den entstandenen Zitrussaft abgießen und nach Belieben trinken. Den Orangensalat auf zwei Desserttellern anrichten und servieren.

TIPPS

Wem der Salat zu sauer ist, der nimmt nach Geschmack etwas mehr Zucker.

Zum Auskratzen der Granatapfelkerne am besten eine Küchenschürze tragen, da es dabei sehr spritzen kann. Eventuelle Flecken lassen sich nicht mehr entfernen.

Dieser Fruchtsalat ist blitzschnell zubereitet und liefert nicht nur ein fruchtig-saures Aroma, sondern auch noch

viele gesunde Vitamine –

ein ideales Dessert für die nasskalte Jahreszeit.

Dieser französische Dessertklassiker schmeckt mit

heißer Schokoladensauce

und cremigem Vanilleeis, das
am besten am Tag zuvor zubereitet wird, himmlisch süß.

BIRNE HELENE MIT VANILLEEIS

Für 4 Personen

ZUTATEN

Für das Vanilleeis

250 ml Milch

250 g Sahne

1 Vanilleschote

125 g Zucker

6 Eigelb (M)

Für die Birnen

4 reife Birnen

½ Zitrone

250 ml Weißwein

75 g Zucker

100 g Sahne

80 g Zartbitterkuvertüre

ZUBEREITUNG

Am Vortag für das Vanilleeis die Milch und die Sahne in einen Topf geben. Die Vanilleschote längs aufschneiden und das Mark herauskratzen. Vanillemark und Vanilleschote dazugeben. Die Milch-Sahne-Mischung aufkochen, den Topf vom Herd nehmen und die Mischung etwa 10 Minuten ziehen lassen.

Inzwischen den Zucker und die Eigelbe mit den Quirlen des Handrührgeräts verrühren. Die Vanilleschote aus der Vanillemilch entfernen. Dann nach und nach die Milch unter die Zucker-Ei-Masse rühren.

Die Vanilleeismasse in ein gefriergeeignetes Gefäß füllen, kurz abkühlen lassen und umrühren. Die Eismasse in den Gefrierschrank stellen und nach 1–2 Stunden noch einmal umrühren. Das Eis über Nacht gefrieren lassen.

Die Birnen schälen und jeweils mit einem Kerngehäuse-Ausstecher entkernen. Den Saft der Zitrone auspressen. Den Saft mit 250 ml Wasser, Weißwein und Zucker in einem großen Topf aufkochen. Die Birnen in den kochenden Sud legen und bei niedriger Hitze etwa 12 Minuten köcheln lassen.

Inzwischen die Sahne erhitzen und die Zartbitterkuvertüre darin schmelzen. Die Birnen mit einem Schaumlöffel aus dem Sud heben und kurz abtropfen lassen. Die Birnen mit der Schokoladensauce und dem Vanilleeis anrichten und servieren.

PFIRSICH-CANTUCCINI-TRIFLE

Für 6 Gläser mit je 150 ml Inhalt

ZUTATEN

250 g Cantuccini
120 ml Pfirsichsaft
60 ml Mandellikör
(z. B. Amaretto)
500 g Pfirsiche
250 g Speisequark (20 % Fett)
250 g Mascarpone
2 EL Zucker
2 EL Vanillezucker
200 g Sahne
2 EL Puderzucker

Außerdem

Gefrierbeutel
Nudelholz
Schokostreusel
zum Bestreuen
6 Cantuccini

ZUBEREITUNG

Die Cantuccini in einen Gefrierbeutel geben und mit einem Nudelholz zerkleinern. Die kleinen Gebäckstückchen gleichmäßig auf sechs Gläser verteilen. Den Pfirsichsaft und den Likör darüberträufeln.

Pfirsiche waschen, halbieren, entsteinen und in mundgerechte Stücke schneiden.

Den Quark mit Mascarpone, Zucker und Vanillezucker mit den Quirlen des Handrührgeräts verrühren. Die Sahne mit dem Puderzucker steif schlagen und vorsichtig unter die Quark-Mascarpone-Creme heben.

Die Pfirsichstücke und die Creme abwechselnd auf den Cantuccini-Bröseln verteilen. Die Gläser bis zum Servieren in den Kühlschrank stellen und das Dessert etwa 2 Stunden durchziehen lassen.

Die Creme mit Schokostreuseln und jeweils 1 Cantuccino verzieren und die Trifles sofort servieren.

Dieses fruchtige Schichtdessert aus

italienischem Gebäck,

frischen Pfirsichen und fluffiger Creme ist Schicht für Schicht ein Hochgenuss.

Winter

DIV SERVIETTENRING MIT BEDRUCKTER SERVIETTE

Für 1 Serviettenring

MATERIAL

1 mittelgroße Kartoffel
1 Gemüsemesser
1 Schere
2–3 Blatt Papier
1 weiße Serviette
schwarze Textilfarbe
1 Pappteller
1 Klopapierrolle
Sprühkleber
dicke Jutekordel

ANLEITUNG

Die Kartoffel der Länge nach halbieren. Aus der Kartoffel mit einem Messer nach und nach etwa 1 cm dicke Stücke herausschneiden, sodass mittig eine Tannenbaumform stehen bleibt. Das geht am besten mit einer Tannenbaumvorlage. Die Vorlage ausdrucken oder auf Papier zeichnen, ausschneiden und auf die Kartoffel legen.

Das Papier auf eine Arbeitsplatte legen und die Serviette darauflegen, damit sich die Farbe nicht durchdrückt.

Die Textilfarbe auf den Pappteller träufeln, die Kartoffel mit dem Motiv in die Farbe tauchen und die Serviette damit bestempeln.

Für den Serviettenring von der Klopapierrolle ein 2–3 cm dickes Stück abschneiden. Das Papierstück draußen auf eine Zeitungsunterlage legen und mit dem Sprühkleber benetzen.

Von der Jutekordel ein Stück abschneiden und dieses um die Rolle wickeln, kurz andrücken und aushärten lassen. Die Serviette in den Ring stecken.

TIPP

Zum Bedrucken der Serviette eignen sich nicht nur Kartoffeln, auch Blätter lassen sich beispielsweise toll mit Farbe bedecken und als Stempel verwenden.

Servietten kann man im Handumdrehen eine

persönliche Note

verleihen und so eine originelle Tischdeko kreieren.

DIY JAHRESZAHL ZU SILVESTER

Für 1 Dekoration

MATERIAL

Pappmaschee-Zahlen
(2, 0, 1, 8; oder eure Wunsch-
zahlen, aus dem Bastelladen)
Sprühkleber
30 g goldenes Glitzerkonfetti
2 Sektgläser (aus Plastik
oder günstige aus Glas)
Abklebeband

ANLEITUNG

Die Pappmaschee-Zahlen im Freien auf eine Zeitungsunterlage legen. Die Zahlen mit dem Sprühkleber
ausreichend benetzen. Die Zahlen mit dem goldenen
Glitzerkonfetti bestreuen, bis sie vollständig bedeckt
sind, und anschließend trocknen lassen.

Die Stiele und das obere Drittel der Sektgläser mit
Abklebeband abkleben. Den Rest ebenfalls draußen
mit dem Sprühkleber benetzen und mit goldenem Kon-
fetti bestreuen. Sobald der Kleber getrocknet ist, das
Klebeband abziehen.

TIPP

Als Deko für eine rauschende Silvesterparty eignen sich
auch goldene Luftschlagen sowie silberne und goldene
Metallic-Strohhalme sehr gut, um mit nur wenigen Mit-
teln einen Wow-Effekt zu erzielen.

Silvester feiern wir am liebsten
ganz gemütlich zu Hause im
Freundeskreis, mit

einem leckeren Essen

und hübscher Dekoration,
die für mich bei besonderen
Anlässen niemals fehlen darf.

SPEKULATIUSTÖRTCHEN

Für 6 Stück

ZUTATEN

Für die Böden
200 g Spekulatius
1 EL Honig
80 g Butter

Für die Creme
250 g Sahne
1 EL Puderzucker
1 EL Vanillezucker
200 g Mascarpone
1 EL Apfelsaft
1 EL Mandellikör (z. B. Amaretto, wahlweise 1 EL Apfelsaft)
1 TL Spekulatiusgewürz
50 g brauner Zucker
1 Beutel pflanzliches Geliermittel (z. B. Agartine)

Außerdem
Gefrierbeutel
Nudelholz
6 Dessertringe mit je 8 cm Ø
TK-Beerenmischung
6 Spekulatius

ZUBEREITUNG

Für die Böden das Spekulatiusgebäck in einen Gefrierbeutel geben und mit einem Nudelholz klein zerbröseln und in eine Schüssel geben. Den Honig dazugeben. Die Butter zerlassen und ebenfalls hinzufügen. Dann alles gut verrühren.

Ein Brett mit Backpapier belegen und die Dessertringe daraufsetzen. Die Spekulatiusmasse gleichmäßig auf die Ringe verteilen und fest andrücken, am besten mit einem Stampfer. Die Böden bis zur weiteren Verwendung in den Kühlschrank stellen.

Inzwischen für die Creme die Sahne mit Puderzucker und Vanillezucker steif schlagen. Den Mascarpone mit Apfelsaft, Likör, Spekulatiusgewürz und braunem Zucker verrühren. Die Sahne vorsichtig unterheben.

Das Geliermittel mit 200 ml Wasser in einem Topf verrühren, aufkochen und 1–2 Minuten kochen, dann vor dem Unterrühren etwas abkühlen lassen, damit die Sahne nicht schmilzt.

Die Gelatine mit einem Schneebesen unter die Sahne-Mascarpone-Creme rühren und die Creme gleichmäßig auf den Spekulatiusbröseln verteilen. Die Törtchen etwa 4 Stunden in den Kühlschrank stellen und die Creme fest werden lassen.

Die Törtchen von unten aus den Dessertringen schieben, am besten mit einem Stampfer, und anrichten. Mit der gefrorenen Beerenmischung und Spekulatius verzieren und servieren.

Gewürzspekulatius ist in der Weihnachtszeit alle Jahre wieder eines meiner liebsten Weihnachtsplätzchen. Und hier wird daraus ein köstliches

Desserttörtchen.

CHURROS MIT SCHOKOSAUCE

Für 20 Stück

ZUTATEN

Für den Teig
50 g Butter
½ TL flüssiger Vanilleextrakt
250 g Weizenmehl (Type 405)
½ Päckchen Backpulver

Für die Schokoladensauce
1 Vanilleschote
250 g Sahne
50 g Zucker
100 g Zartbitterkuvertüre

Außerdem
500 g Pflanzenfett
(zum Ausbacken)
Spritzbeutel mit
großer Sterntülle
2 EL Zucker
1 TL Zimtpulver

ZUBEREITUNG

Für den Teig die Butter zerlassen. 350 ml heißes Wasser mit der Butter und dem Vanilleextrakt verrühren.

Das Mehl und Backpulver in eine Rührschüssel geben und mischen, in die Mitte eine Mulde drücken. Die flüssige Buttermischung in die Mulde geben und alles so lange verrühren, bis ein zäher, klumpenfreier Teig entsteht. Den Teig einige Minuten ruhen lassen.

Zum Ausbacken das Pflanzenfett in einen mittelgroßen Topf geben und auf 165 °C erhitzen (siehe Tipp S. 39). Den Teig in einen Spritzbeutel mit großer Sterntülle füllen. Den Teig in jeweils zwei 8–10 cm lange Streifen ins heiße Fett geben und goldbraun ausbacken.

Den Zucker mit dem Zimtpulver mischen. Die Churros mit einem Schaumlöffel herausheben und auf Küchenpapier abtropfen lassen. Die warmen Churros mit Zimtzucker bestreuen.

Für die Schokoladensauce die Vanilleschote längs aufschneiden und das Mark herauskratzen. Die Sahne mit Zucker, Vanillemark und Vanilleschote in einem Topf kurz aufkochen. Die Kuvertüre dazugeben und bei niedriger Hitze schmelzen lassen, bis eine glänzende cremige Masse entsteht. Die warmen Churros sofort mit der Sauce servieren.

Churros sind für uns Urlaubserinnerungen.

Warm mit Zucker und Zimt

serviert, sind sie ein »Gedicht«.

APFEL-TIRAMISU

Für 6 Gläser mit je 280 ml Inhalt

ZUTATEN

12 Löffelbiskuits
120 ml Apfelsaft
ca. 360 g Apfelmus
(aus dem Glas)
70 g Butter
4 EL Zucker
100 g gehobelte Mandeln
250 g Mascarpone
1 EL Vanillezucker
100 g Schmand
3 EL Milch

Außerdem

Gefrierbeutel
Nudelholz
6 TL Kakaopulver
zum Bestreuen

ZUBEREITUNG

Die Löffelbiskuits in Stücke brechen und in die Gläser legen. Die Löffelbiskuitstücke mit dem Apfelsaft beträufeln und das Apfelmus esslöffelweise darauf verteilen.

Die Butter und 2 Esslöffel Zucker in einen Topf geben und unter Rühren bei mittlerer Hitze schmelzen, bis eine hellbraune Karamellmasse entsteht. Die gehobelten Mandeln dazugeben, zügig unterziehen und unter Rühren goldbraun werden lassen. Den Mandelkrokant sofort auf einen Bogen Backpapier streichen und vollständig abkühlen lassen.

Den Mascarpone mit 2 Esslöffel Zucker, Vanillezucker, Schmand und Milch zu einer weichen Creme verrühren.

Den Mandelkrokant in kleine Stückchen brechen und auf dem Apfelmus in den Gläsern verteilen. Die Creme auf den Mandelkrokant geben, 2-3 Stunden in den Kühlschrank stellen und das Tiramisu gut durchziehen lassen.

Das Tiramisu mit Kakaopulver bestreuen und servieren.

Tiramisu esse ich leidenschaftlich gern. Deshalb habe ich für

jede Jahreszeit

ein passendes Rezept entwickelt – hier ist meine Herbst- und Winter-Variante.

Goldbraune Quarkbällchen –
luftig, locker und

himmlisch lecker,

so landen sie bei uns jedes
Jahr zu Silvester auf dem Tisch.

QUARKBÄLLCHEN

Für 35 Stück

ZUTATEN

Für den Teig

350 g Weizenmehl (Type 405)

Salz

50 g Speisestärke

50 g Zucker

30 g frische Hefe

125 ml Milch

50 g Butter

2 Eigelb (M)

250 g Speisequark (20 % Fett)

Außerdem

Mehl für die Arbeitsplatte

500 g Pflanzenfett zum Ausbacken

6 EL Zucker

1 TL Zimtpulver

ZUBEREITUNG

Für den Teig das Mehl, 1 Prise Salz, Speisestärke und Zucker in eine Rührschüssel geben und mischen. In die Mitte eine Mulde drücken und die Hefe hineinbröckeln.

Die Milch erwärmen, bis sie lauwarm ist. Die lauwarme Milch über die Hefe gießen, etwas Mehl vom Rand über die Hefe streuen. Diesen Vorteig mit einem sauberen Tuch abdecken und an einem warmen Ort etwa 30 Minuten gehen lassen (siehe Tipp S. 22).

Die Hefemischung verkneten, dann Butter, Eigelbe und Quark hinzufügen und alles zu einem zäh-klebrigen Teig kneten. Den Teig mit einem Tuch abdecken und etwa 15 Minuten ruhen lassen.

Dann den Teig auf einer bemehlten Arbeitsplatte kurz durchkneten, in 35 Portionen teilen und diese zu tischtennisballgroße Kugeln formen. Die Teigkugeln auf der Arbeitsplatte mit einem Tuch abdecken und etwa 15 Minuten gehen lassen.

Zum Ausbacken das Pflanzenfett in einen Topf geben und auf 165 °C erhitzen (siehe Tipp S. 39). Den Zucker mit dem Zimtpulver in einem tiefen Teller mischen.

Die Teigbällchen nach und nach mit einem Schaumlöffel vorsichtig in das heiße Fett geben und in 3-4 Minuten goldbraun backen, dabei zwischendurch im Fett wenden. Die Quarkbällchen mit einem Schaumlöffel herausheben und sofort im Zimtzucker wenden.

GRIESSPUDDING MIT GEWÜRZKIRSCHEN

Für 1 Puddingform 16 cm Ø

ZUTATEN

Für den Grießpudding

1 Eiweiß (M)

1 Eigelb (M)

1 l Milch

1 TL abgeriebene Schale von 1 Bio-Zitrone

2 EL Zucker

125 g süßer Grieß

Für die Gewürzkirschen

175 ml Rotwein

50 g brauner Zucker

3 Gewürznelken

1 Zimtstange

250 g Kirschen (aus dem Glas, z. B. Schattenmorellen)

1 EL Speisestärke

Außerdem

Margarine für die Form

150 g Sahne

2 TL Puderzucker

Spritzbeutel mit Sterntülle

Schokoladenraspel zum Bestreuen

ZUBEREITUNG

Das Eiweiß steif schlagen und kalt stellen. Das Eigelb mit 1 Esslöffel Milch verrühren und beiseitestellen. Die Puddingform leicht einfetten.

Für den Pudding die restliche Milch mit Zitronenschale und Zucker in einem Topf aufkochen. Den Topf kurz vom Herd nehmen und den Grieß zügig unter die Milch rühren, dann alles unter Rühren noch einmal aufkochen.

Den Topf beiseitestellen, das angerührte Eigelb unterrühren und den Eischnee unterheben. Den Grießpudding sofort in die Form geben und im Kühlschrank vollständig auskühlen lassen.

Für die Gewürzkirschen den Rotwein mit Zucker, Gewürznelken und Zimtstange in einem Topf aufkochen und bei mittlerer Hitze etwa 5 Minuten kochen lassen. Gewürznelken und Zimtstange entfernen, die Kirschen hinzufügen und alles erneut aufkochen. Zum Binden die Speisestärke mit etwas Wasser anrühren, zu den Kirschen geben und kurz kochen lassen. Die Gewürzkirschen beiseitestellen.

Die Sahne mit dem Puderzucker steif schlagen und in einen Spritzbeutel mit Sterntülle füllen. Den Grießpudding auf einen Teller stürzen, die Sahne in kleinen Tuffs daraufspritzen. Den Pudding mit den Kirschen und Schokoraspeln verzieren und servieren.

TIPP

Alternativ zu den Gewürzkirschen eignen sich auch Rumrosinen oder Eierlikör als Ergänzung zum Grießpudding.

Grießpudding ist eine unserer liebsten Süßspeisen im Winter. Nach einem Spaziergang in der Kälte gibt es doch nichts Schöneres, als Pudding mit

leckeren würzigen Kirschen

auf dem Sofa zu löffeln.

APPLE CRUMBLE IM APFEL

Für 5 Personen

ZUTATEN

5 große Äpfel
1 Zitrone
100 g weiche Butter
100 g Zucker
175 g Weizenmehl (Type 405)
Zimtpulver
200 g Sahne
2 EL Puderzucker
Mandelstifte zum Bestreuen

ZUBEREITUNG

Die Äpfel waschen und einen Deckel abschneiden. Die Äpfel mit einem Obstmesser und einem Löffel aushöhlen, dabei die Kerne entfernen und 5 Esslöffel von dem Fruchtfleisch zur weiteren Verwendung beiseitelegen.

Ein Backblech mit Backpapier auslegen. Den Backofen auf 200 °C Ober-/Unterhitze vorheizen.

Den Saft der Zitrone auspressen. Die ausgehöhlten Äpfel damit bepinseln und auf das Blech setzen. Die Äpfel mit dem beiseitegelegten Fruchtfleisch füllen.

Für die Streusel die weiche Butter mit Zucker, Mehl und 1 Prise Zimtpulver in einer Rührschüssel zu einem krümeligen Teig verkneten. Die Streusel auf den Äpfeln verteilen und leicht andrücken.

Den Crumble im Backofen (mittlere Schiene) etwa 30 Minuten backen, bis die Äpfel schrumpelig und die Streusel goldbraun sind. Den Crumble herausnehmen.

Die Sahne mit dem Puderzucker steif schlagen. Den warmen Apple Crumble mit ein paar Mandelstiften bestreuen und mit der Sahne servieren.

Schon als Kind habe ich gebackene Äpfel geliebt, sie verbreiten in der Küche einen

winterlichen Duft

und eine wohlige Atmosphäre.

APPLE PIE POPS

Für 15 Stück

ZUTATEN

Für den Teig

250 g Weizenmehl (Type 405)

125 g weiche Butter

75 g Zucker

Salz

1 Eigelb (M)

Für die Füllung

1 kleiner Apfel

20 g Butter

80 g brauner Zucker

1 EL Vanillezucker

½ TL Zimtpulver

Außerdem

Mehl für die Arbeitsplatte

1 runder Ausstecher
mit 5–6 cm Ø

15 Cake-Pop-Stiele (s. Tipp)

1 Ei (M)

brauner Zucker zum Bestreuen

ZUBEREITUNG

Für den Teig das Mehl mit Butter, Zucker, 1 Prise Salz und Eigelb in einer Rührschüssel zu einem krümeligen Teig verkneten. Den Teig zu einer Kugel formen, in Frischhaltefolie wickeln und etwa 1 Stunde in den Kühlschrank legen.

Inzwischen für die Füllung den Apfel schälen, vierteln, entkernen und in sehr kleine Stücke schneiden. Die Butter in einem Topf zerlassen, braunen Zucker, Vanillezucker, Zimtpulver und die Apfelstücke hinzufügen und aufkochen. Dann alles bei mittlerer Hitze etwa 5 Minuten kochen lassen, dabei gelegentlich umrühren. Anschließend die Apfelmasse in ein Sieb geben und die Flüssigkeit abtropfen lassen.

Ein Backblech mit Backpapier auslegen. Den Teig auf einer bemehlten Arbeitsplatte etwa 3 mm dick ausrollen. Aus dem Teig 30 Kreise mit jeweils 5–6 cm Durchmesser ausstechen. Die Hälfte der Kreise auf das Backblech legen und die Apfelmischung darauf verteilen. Die Cake-Pop-Stiele darauflegen.

Den Backofen auf 170 °C Ober-/Unterhitze vorheizen. Aus den restlichen Teigkreisen in der Mitte ein kleines Loch ausstechen oder den Teig kreuzweise etwas einschneiden. Die Teigkreise mit der Apfelmischung damit belegen und seitlich mit einer Gabel andrücken.

Das Ei verquirlen. Die Apple Pie Pops damit bestreichen und mit etwas braunem Zucker bestreuen. Im Backofen (mittlere Schiene) in etwa 20 Minuten goldbraun backen. Die Pie Pops herausnehmen und auf einem Kuchengitter auskühlen lassen.

TIPP

Die Cake-Pop-Stiele gibt's im Internet oder im gut sortierten Supermarkt bei den Backzutaten.

Ein allseits beliebter

amerikanischer Klassiker,

der hier zur Abwechslung
mal mit Stiel gebacken wird.

SPEKULATIUSEIS

Für 6–8 Personen

ZUTATEN

250 g Mascarpone

200 g saure Sahne

50 g + 2 EL Puderzucker

150 g Sahne

1 TL Spekulatiusgewürz

15 Spekulatius

Außerdem

1 Kastenform mit
30 cm Länge

2–3 Spekulatius

ZUBEREITUNG

Mascarpone mit der sauren Sahne und 50 g Puderzucker zu einer glatten Creme verrühren. Die Sahne mit 2 Esslöffeln Puderzucker steif schlagen und mit dem Spekulatiusgewürz vorsichtig unter die Mascarponecreme heben.

Eine Kastenform mit Frischhaltefolie auslegen. Die Creme und die Spekulatius abwechselnd in die Form schichten, dabei mit der Creme beginnen. Es sollten vier Schichten Creme und drei Schichten Spekulatius sein. Die oberste Schicht sollte Creme sein.

Die Form mit der Eismasse am besten über Nacht in den Gefrierschrank stellen und fest werden lassen.

Die übrigen Spekulatius zerkrümeln. Das Eis in Scheiben schneiden, auf Desserttellern anrichten, mit den Spekulatiuskrümeln verzieren und sofort servieren.

**Dieses Eis passt perfekt in die
Vorweihnachtszeit oder zum**

süßen Abschluss

eines Weihnachtsmenüs.

BUTTERKEKS-HEXENHÄUSCHEN

Für 5 Stück

ZUTATEN

Für den Zuckerguss

100 g Puderzucker

1 Spritzer Zitronensaft

Für die Häuschen

10 Butterkekse mit
Schokolade

Zum Bekleben

5 Dominosteine

5 Butterkekse

10 Gummibärchen

Kokosraspel zum Bestreuen

ZUBEREITUNG

Für den Zuckerguss den Puderzucker, 2 Esslöffel Wasser und Zitronensaft in eine kleine Schüssel geben und zu einer zähen, klebrigen Masse verrühren.

Einen flachen Teller mit Backpapier auslegen. Die Butterkekse mit Schokolade drauflegen. Die Kekse mithilfe von etwas Zuckerguss mit Schokolinsen bekleben. Den Teller in den Kühlschrank stellen und den Zuckerguss fest werden lassen.

Inzwischen mithilfe von etwas Zuckerguss die Dominosteine in die Mitte der übrigen Butterkekse und die Gummibärchen vorn auf die Butterkekse kleben.

Die beklebten Butterkekse mit Schokolade aus dem Kühlschrank nehmen und als Dach ebenfalls mit Zuckerguss aufkleben, kurz antrocknen lassen und mit den Kokosraspeln verzieren.

**Diese Art Hexenhäuschen
haben meine Schwester und
ich schon als Kinder zusammengeklebt und mittlerweile
gehören sie für uns**

zur Tradition

in der Vorweihnachtszeit.

Shortbread ist ein
schottisches Mürbeteiggebäck
welchem ich hier einen Rentier-Look gegeben habe - ein hübsches Geschenk für Freunde und Familie zu Weihnachten.

SHORTBREAD-RENTIERE

Für 35 Stück

ZUTATEN

Für den Teig

225 g weiche Butter

60 g Puderzucker

Salz

250 g Weizenmehl (Type 405)

Für die Dekoration

50 g Puderzucker

35 rote Schokolinsen

100 g Vollmilchkuvertüre

Außerdem

Mehl für die Arbeitsplatte

1 runde Ausstechform
mit 6 cm Ø

Spritzbeutel mit Lochtülle
mit 1 mm Ø

ZUBEREITUNG

Für den Teig Butter, Puderzucker und 1 Prise Salz in eine Rührschüssel geben und mit den Quirlen des Handrührgeräts schaumig rühren. Das Mehl nach und nach dazugeben und alles zu einem zähen Teig verkneten. Den Teig zu einer Kugel formen, in Frischhaltefolie wickeln und etwa 30 Minuten in den Kühlschrank legen.

Den Backofen auf 170 °C Ober-/Unterhitze vorheizen. Ein Backblech mit Backpapier auslegen.

Den Teig auf einer bemehlten Arbeitsplatte etwa 3 mm dick ausrollen. Aus dem Teig 35 Kreise mit jeweils 6 cm Durchmesser ausstechen und auf das Backblech legen. Die Teigkreise im Backofen (mittlere Schiene) 10–12 Minuten backen. Anschließend herausnehmen und abkühlen lassen.

Für die Dekoration den Puderzucker mit 2 Esslöffel kaltem Wasser verrühren. Den klebrigen Guss in kleinen Klecksen auf dem Shortbread verteilen und jeweils 1 rote Schokolinse als Nase aufdrücken.

Die Kuvertüre in einer Schüssel über dem heißen Wasserbad schmelzen und leicht abkühlen lassen. Die Kuvertüre in einen Spritzbeutel mit Lochtülle füllen und damit die Augen und die Rentiergeweihe aufmalen. Die Shortbreads in den Kühlschrank legen und die Kuvertüre fest werden lassen.

TIPP

Zum Verschenken das Shortbread in eine hübsche Keksdose oder eine Cellophantüte (diese gibt es in unterschiedlichen Größen) packen. Die Tüte mit einem Clip verschließen und mit einer goldenen oder silbernen Schleife weihnachtlich verzieren.

ORANGEN-TARTE

Für 1 rechteckige Form mit 12 x 34 cm

ZUTATEN

Für den Teig

100 g weiche Butter

40 g Zucker

1 Ei (M)

200 g Weizenmehl (Type 405)

Für die Füllung

200 g Schmand

1 EL Zucker

1 Ei (M)

40 g Butter

50 g weiße Kuvertüre

2 Orangen

Für die Glasur

1 EL Vanillezucker

1 EL Speisestärke

100 ml Orangen-Blutorangen-Saft (Fertigprodukt)

Außerdem

Margarine und Mehl für die Form

Mehl für die Arbeitsplatte

ZUBEREITUNG

Für den Teig weiche Butter, Zucker, Ei und Mehl auf eine Arbeitsplatte oder in eine Rührschüssel geben und mit den Händen verkneten. Den Teig zu einer Kugel formen, in Frischhaltefolie wickeln und etwa 30 Minuten in den Kühlschrank legen.

Für die Füllung den Schmand mit Zucker und Ei in einer Schüssel verrühren. Butter und Kuvertüre in eine Schüssel geben und über dem heißen Wasserbad langsam schmelzen, dann kurz abkühlen lassen. Danach die Kuvertüre unter die Schmandmasse rühren.

Den Backofen auf 180 °C Ober-/Unterhitze vorheizen. Die Tarteform einfetten und mit Mehl ausstäuben. Den Teig auf einer bemehlten Arbeitsplatte ausrollen und in die Form legen. Den Teig mit einer Gabel mehrmals einstechen. Die Schmandfüllung auf den Teig geben und gleichmäßig verteilen.

Die Orangen mit einem scharfen Messer so schälen, dass auch die weiße Haut mit entfernt wird. Die Orangen in Scheiben schneiden und die Orangenscheiben auf die Füllung legen. Die Tarte im Backofen (mittlere Schiene) etwa 30 Minuten backen.

Für die Glasur den Vanillezucker mit der Speisestärke in einem Topf mischen. Nach und nach den Orangen-Blutorangen-Saft dazugießen. Die Mischung unter ständigem Rühren kurz aufkochen.

Die Tarte aus dem Ofen nehmen. Den Topf vom Herd nehmen und den Guss auf der noch heißen Tarte verteilen. Die Tarte abkühlen lassen, bis der Guss fest ist.

TIPP

Blutorangen haben von Dezember bis April Saison. In dieser Zeit könnt ihr auch diese verwenden.

Im Winter ist bei uns Orangen-
zeit! Wir lieben die Kombination aus angenehmer

Süße und fruchtiger

Säure – beides ist in dieser
Tarte harmonisch vereint.

Leckere Plätzchen am Stiel eignen sich sehr gut zum Verschenken – in einer

hübschen Verpackung

oder einem Tütchen. Oder wer sie lieber selber naschen möchte, packt sie in eine luftdicht verschließbare Keksbox.

SCHOKOLADEN-MARZIPAN-PLÄTZCHEN AM STIEL

Für 30 Stück

ZUTATEN

Für den Teig

200 g Weizenmehl (Type 405)

75 g Speisestärke

100 g Zucker

2 EL Vanillezucker

1 Ei (M)

175 g Butter

50 g gemahlene Mandeln

Für die Füllung

100 g Zartbitterkuvertüre

100 g Marzipanrohmasse

100 g Butter

Außerdem

Mehl für die Arbeitsplatte

30 flache Holzstiele

1 runde Ausstechform
mit Ø 4 cm

150 g Vollmilchkuvertüre

Haselnusskerne, Walnusskerne, Mandelstifte und bunte Zuckerstreusel zum Bestreuen

ZUBEREITUNG

Für den Teig Mehl, Speisestärke, Zucker und Vanillezucker in eine Rührschüssel geben und mischen. Ei, Butter und gemahlene Mandeln dazugeben und alles zu einem krümeligen Teig verkneten. Den Teig zu einer Kugel formen, in Frischhaltefolie wickeln und 30 Minuten in den Kühlschrank legen.

Inzwischen für die Füllung die Kuvertüre in einer Schüssel über dem heißen Wasserbad schmelzen. Die Marzipanrohmasse klein schneiden. Die Kuvertüre beiseitestellen. Die Marzipanrohmasse und Butter dazugeben und alles zu einer cremig-flüssigen Masse verrühren. Die Schüssel bis zur Verwendung in den Kühlschrank stellen und die Masse fest werden lassen.

Den Backofen auf 180 °C Ober-/Unterhitze vorheizen. Ein Backblech mit Backpapier auslegen.

Den Teig auf einer bemehlten Arbeitsplatte kurz durchkneten und 3–4 mm dick ausrollen. Aus dem Teig 60 Kreise mit jeweils 4 cm Durchmesser ausstechen und auf das Backblech legen. Die Teigkreise im Backofen (mittlere Schiene) in 10–12 Minuten goldbraun backen. Die Plätzchen herausnehmen und auf einem Kuchengitter auskühlen lassen.

Zum Füllen die Marzipanmasse kurz aufschlagen und 30 Plätzchen damit bestreichen. Die Stiele mittig in die Füllung drücken und ein zweites Plätzchen darauflegen.

Die Vollmilchkuvertüre in einer Schüssel über dem heißen Wasserbad schmelzen und die Plätzchen damit bestreichen. Mit Haselnusskernen, Walnusshälften, Mandelstiften oder bunten Zuckerstreuseln verzieren. Die Plätzchen in den Kühlschrank legen und die Kuvertüre fest werden lassen.

Register

A

Ahornsirup 48, 140

Ananas 69

Ananassaft 69

Apfel 79, 101, 118, 125, 126

Apfel-Birnen-Tartelettes 101

Apfelmus 101, 118, 140

Apfel-Tiramisu 118

Apple Crumble im Apfel 125

Apple Pie Pops 126

B

Baiser 21, 52, 55, 73

Baiserhaube 20, 21

Balsamico-Essig 47

Bananen 92

Bananen-Frischkäse-Creme mit Karamellsauce 92

Basilikumblätter 47

Basilikumeis mit Balsamico-Erdbeeren 47

Beeren-Mascarpone-Creme in Schokoladenschalen 62

Bienenstich im Glas 65

Birne 101, 105

Birne Helene mit Vanilleeis 105

Blätterteigplatten 101

Blaubeer-Brownie im Glas 88

Blaubeeren 17, 44, 55, 66, 73, 88

Brandteig 35

Brauner Zucker 17, 18, 66, 92, 114, 122, 126

Brombeeren 55, 73

Butterkekse 17, 18, 36, 132, 140

Butterkeks-Hexenhäuschen 132

C

Cantuccini 106

Churros mit Schokosauce 117

Crème Brûlée 66, 73

Cupcake 31

E

Eierschalendekoration 13

Eis 7, 27, 46, 47, 69, 84, 93, 98, 105, 131

Eiswaffeln 69, 87

Erdbeeren 35, 46, 47, 55, 58, 62, 73, 140

Erdnüsse 48, 49, 91, 98

Erdnuss-Karamell-Eis 98

Erdnuss-Karamell-Schokoschnitten 91

Erdnuss-Karamell-Torte 48

Esskonfetti 22

F

Ferrero Rocher 43

Fondantgeister 79

Frischkäse 17, 31, 92, 93, 140

G

Gebackene Holunderblüten 32

Geliermittel, pflanzlich 144

Gelierzucker 70

Gewürzkirschen 122, 140

Granatapfel 102, 140

Grießpudding 123

Grießpudding mit Gewürzkirschen 122

H

Haselnusskerne 48, 139, 140

Hefeteig 22, 121

Himbeercreme mit Marmor-Baiser 52

Himbeeren 35, 52, 61, 62, 66, 73, 79

Himbeer-Tiramisu 61

Holunderdolden 32

Honig 17, 36, 47, 51, 65, 114, 140

J

Joghurt 62, 73

Johannisbeerparfait mit Baiser 73

K

Kaffee 97, 140

Kakaopulver 48, 58, 61, 83, 84, 88, 97, 118

Karamellsauce 48, 91, 92, 93, 98

Kirschen 70, 73, 122

Kirschkompott 70

Kokos-Ananas-Eis 69

Kokoskugeln 51

Kokosöl 51, 84

Kokosraspel 18, 51, 69, 132, 140

L

Lebensmittelpaste 16, 17, 52

Limettensaft 61

Limonaden-Gugl 39

Löffelbiskuit 26, 61, 65, 92, 118

M

Mandelkrokant 65, 118

Mandellikör 61, 106, 114

Mandeln, gehackt 51

Mandeln, gemahlen 48, 139

Mandelstifte 125, 136

Mango 18, 74

Mango-Mousse 18

Mango-Mousse-Törtchen 18

Mangopralinen 74

Marshmallow 79

Marzipanrohmasse 101, 139

Mascarpone 26, 48, 52, 61,
62, 97, 106, 114, 118, 131, 140

Mini-Ombré-Törtchen 17

Mini-Pavlovas 55

Mini-Vanille-Cupcakes 31

Minzeblätter 26, 36, 52, 55, 61

Mousse au Chocolat 87

N

Natron 84, 97

Nusscreme 48

O

Orangen 70, 102, 136

Orangenlimonade 39

Orangensaft 26, 102

Orangensalat mit
Granatapfelkernen 102

Orangen-Tarte 136

Oreo-Kekse 97

P

Parfait 73

Partybüfett 43

Pfannkuchen 71

Pfannkuchen mit Kirschkompott 70

Pfirsich-Cantuccini-Trifle 106

Pfirsiche 106

Pfirsichsaft 18, 106

Pflaumen 92, 141

Physalis 14, 66, 87

Pistazienkerne 26

Pralinen 74

Pudding 7, 22, 65, 83, 122, 123

Puddingschnecken 22, 23

Q

Quarkbällchen 120, 121

R

Rhabarber 4, 26, 141

Rhabarber-Schichtdessert 26

Rotwein 70, 122, 141

S

Salzbrezeln 83

Schmand 118, 136, 141

Schokobrezel 83

Schoko-Brownies im Ei 29

Schoko-Crêpes mit Erdbeeren 58

Schokokeksstäbchen 17, 87

Schokokuss 14

Schokokusstörtchen
mit Physalis 14

Schokoladen-Marzipan-
Plätzchen am Stiel 139

Schokoladen-Oreo-Törtchen 97

Schokoladenpudding mit
Schokobrezeln 83

Schokoladenraspel 48, 62, 122

Schokolinsen 10, 132, 135

Shortbread-Rentiere 135

Sojamilch 84

Speisequark 14, 17, 26, 52, 65, 106, 121

Spekulatius 114, 131

Spekulatiuseis 131

Spekulatiustörtchen 114

Sternanis 102, 141

T

Topping 17, 31, 36, 48, 87, 97

V

Vampiräpfel 79

Vanilleeis 84, 85, 104, 105

Vanilleextrakt 117

Vanillepudding-
füllung 22, 65, 141

Vanillepuddingpulver 22, 65

Vanilleschote 47, 51, 66, 73, 84, 105, 117

Veganer Schokokuchen
mit Vanilleeis 84

Vollmilchkuvertüre 48, 79, 135, 139

W

Walnusskerne 51, 84, 139, 141

Weingummi 10, 79

Weiße Kuvertüre 31, 136

Weißweinessig 52, 84, 141

Windbeutel mit Erdbeer-
Himbeer-Sahne 35

Z

Zartbitterkuvertüre 29, 58, 62, 83,
87, 91, 97, 98, 105, 117, 139, 141

Zebra-Schokoröllchen 18, 26, 31

Zimtpulver 117, 121, 125, 126

Zimtstange 80, 102, 122

Zitrone 18, 21, 36, 39, 47, 62, 70,
92, 101, 105, 122, 125, 141

Zitronen-Baiser-Tartelettes 21

Zitronencreme 21

Zitronen-Mousse 36

Zuckerguss 22, 23, 39, 132

Über die Autorin

Melanie Allhoff ist das Gesicht hinter dem Food- und Kreativ-Blog **www.blogdetailliebe.com**. Die 30-jährige Osteopathin und Fotografin aus dem schönen Münster teilt darin ihre Begeisterung rund um die Themen Backen, Kochen, Dekoration und Reisen. Sie liebt nicht nur das Backen, sondern auch das Kreieren von alltagstauglichen Dessertrezepten mit dem besonderen Kick. Dabei wandern gerührte, geschichtete, geeiste oder gebackene Köstlichkeiten auf den Tisch. Ganz besonders am Herzen liegen ihr frische saisonale und regionale Zutaten.

Danke

Nach meinem ersten Buch »Backliebe« liegt nun mein zweites Buch »Dessertliebe« vor – und das macht mich richtig glücklich.

Ich möchte mich bedanken bei …

Elle, für deine erneute große Unterstützung bei diesem Buchprojekt, auch wenn das bedeutet hat, dass unsere Küche im Dauerbetrieb gewesen ist und wir nun einige Extrarunden joggen müssen.

Ursel, Ludger und Steffi, die wieder einige meiner süßen Kreationen in diesem Buch getestet haben.

Annika, die mich erneut so toll bei diesem Projekt begleitet hat.

Dem Team der Edition Michael Fischer dafür, dass es mir vollkommen freie Hand bei der Umsetzung gelassen hat, damit ich jede meiner Ideen verwirklichen konnte.

Meiner Familie und Freunden, die sich auch dieses Mal mit mir über dieses Buch freuen.

Allen meinen Lesern, die dem zweiten Buch freudig entgegengefiebert haben und mich teilweise schon seit Jahren mit einem regen Gedankenaustausch begleiten.

Jedem und jeder, der beziehungsweise die dieses Buch gekauft hat. Vielen Dank, dass ihr meinen Traum vom zweiten Buch habt wahr werden lassen.

Hiermit möchte ich mich bei meinen Sponsoren bedanken, die dieses Projekt mit wunderschöner Dekoration und Küchenutensilien unterstützt haben. Ich danke euch!

Bei Kerstin von Minidrops, die in ihrem Shop bezaubernde Partyprodukte und hübsche Dekoration anbietet, um damit aus jedem Fest und jedem Geburtstag ein unvergessliches Ereignis zu zaubern. Von Girlanden, Lampions über Backzubehör, Muffin-Förmchen und Strohhalmen bis hin zu Bastelutensilien wie Bastelsets oder Stempeln war alles dabei. Ihre Produkte machen jedes Fest zu einem optischen Highlight.

www.minidrops.de

Bei Sarah-Pauline vom LilleHus Store, die in ihrem Shop nordische Wohnaccessoires und hübsches Küchenzubehör anbietet. Von tollem Geschirr und Besteck, über Back,- und Kochformen bis hin zu Textilien und Kuchenplatten. Ihre Produkte sind nicht nur praktisch, sondern auch noch reizvolle Hingucker in der Küche.

www.lillehusstore.de

Eure Melanie Allhoff

Bibliografische Information der Deutschen Bibliothek.

Die Deutsche Bibliothek verzeichnet diese Publikation in der deutschen Nationalbibliografie.

Detaillierte bibliografische Daten sind im Internet über http://www. d-nb.de/ abrufbar.

Allgemeiner Hinweis zu den Rezepten: Es werden immer Eier der Größe M verwendet. Soweit nicht anders angegeben, beziehen sich die Backofentemperaturen auf das Backen mit Ober- und Unterhitze.

EIN BUCH DER EDITION MICHAEL FISCHER

1. Auflage 2017

© 2017 Edition Michael Fischer GmbH, Igling

Covergestaltung: Viktoria Zettl
Layout: Tanja Kapahnke Studio Süd, Ravensburg
Satz: Viktoria Zettl
Produktmanagement: Annika Christof
Lektorat: Maryna Zimdars, Unterföhring

ISBN 978-3-86355-642-6

Printed in Slovakia

www.emf-verlag.de